孤闘

三浦瑠麗裁判1345日

西脇亨輔

幻冬舎

孤闘

三浦瑠麗裁判１３４５日

序章　一枚の写真

一枚の写真がある。

選びに選んで決めた純白のドレス姿の新婦と、慣れないタキシードを着た新郎が写っている。二人は腕を組んで歩きながら左右にお辞儀し、列席者は手にした花を二人に投げかけ、フラワーシャワーの祝福をしている。皆に笑顔が溢れている。

宙をきらきらと白い花びらが舞っている。

よく見る結婚式の写真だが、一つだけ、普通と違うところがある。それは写真左上に印刷された文字だ。

「写真　1」

無機質な文字が、写真からすべての温もりを奪っている。

この写真は裁判の証拠として提出された「甲25号証　写真撮影報告書」の一枚だ。

新郎は私、新婦は私の元妻でテレビ朝日「朝まで生テレビ！」のMCをしていた村上祐子記者、そして報告書の冒頭には、この裁判の事件番号と当事者の名前が表示されている。

令和元年（ワ）第１８９０６号　損害賠償請求事件
原告　西脇亨輔
被告　三浦瑠麗

この裁判で私は国際政治学者・三浦瑠麗氏を訴えた。第一審の東京地方裁判所で三浦氏に対して損害賠償30万円の支払い等を命ずる判決が出され、控訴審を経て、２０２３年３月22日、最高裁判所で第一審判決が確定した。

２０１９年７月17日の提訴から１３４５日。

３年８か月余りにわたる裁判の記録は合計１８１８ページに及ぶ。

その裁判記録に綴じこまれている一枚の写真を見ながら、私はどうして自分がこの日からこんなに遠く離れたところに来てしまったのだろうと思う。この結婚式は本当に自分の人生の出来事だったのか自信がなくなっていく。あの時いつまでも続くと思っていたものは、今は何一つ残っていない。残っているのは長い闘いの記憶だけだ。

いや、もう一つだけ残ったものがある。それは「自分」だった。

この裁判を起こすきっかけとなった三浦瑠麗氏のツイートは、私の心を深く刺し、蹂躙していった。

痛みを感じないふりをして、身をすくめて、全てが通り過ぎるのを待つこともできた。その方が楽だっただろう。その方が賢かったのかもしれない。

でも自分の心の奥底は「それは違う」と言っていた。

このツイートは間違っている。この痛みは間違っている。

それを受け入れて首を垂れてしまったら、もうこれまでの「自分」ではなくなる。

そう、強く思った。


今振り返ってみて、この裁判で失ったものはあっても得たものはない。でも全く後悔はしていない。

「自分」が壊れないために、「自分」が「自分」のままであるために、この裁判はやるしかなかった。そしてまだ、「自分」は生き残っている。

この本の出版について私は1円も頂くつもりはない。この本の印税はすべて犯罪被害者の遺児支援を行う公益財団法人に寄付する。この本も、この裁判も、自分の中ではお金とは関係ない。

この本は、影響力ある人物の発信によって揉みくちゃにされた一人のサラリーマンが、独りきりでただ足掻いた記録だ。普通なら恥ずかしくて、世の中に残さない話だと思う。しかし、いやだからこそ、心無い発信の先に、生身の人間の痛みがあることを書き留めたかった。そして不格好でも最後まで闘い抜いたことの痕跡をこの世に遺したいと思った。本を書いた理由はそれだけだ。

もしこの小さな痕跡が読者の皆様の何かの一助になれば、望外の幸せだ。

DTP：美創

ブックデザイン：幻冬舎デザイン室

JASRAC 出 2303270-301

第三章
第一審

第一章
はじまり

暴露

その日は仕事が立て込んでいて、朝からテレビ朝日の本社ビルを駆けずり回っていた。4階、7階、5階。各フロアの会議室を巡って打ち合わせをする。次は2階だ。資料をもって移動している時、廊下で同僚に呼び止められた。

「ねえ、西脇、離婚の裁判してるの?」

えっ? 瞬間、何を言われたのか分からなかった。ただ立ち尽くしていると、同僚がスマートフォンを差し出してきた。そこには髪の長い女性の写真のアイコンが映り、「三浦瑠麗 Lully MIURA」と書かれていた。三浦瑠麗氏のツイッターアカウントだった。

そして三浦瑠麗氏のアカウントから、次のようなツイートが発信されていた。

そもそも何年も別居し離婚調停後、離婚訴訟係争中の人を不倫疑惑とする方が間違い。新しいパートナーと再スタートを切り子供を作ることさえ、離婚しにくい日本では難しい。これは本来多くの人が抱える問題のはずなのに。村上祐子さんを朝まで生テレビから下ろすべきではない。

（2019年4月23日　三浦瑠麗氏公式ツイッターアカウントより）

まず頭が、続いて全身が冷たくなっていくのを感じた。

なぜこんなことが書かれているんだろう。

なぜこんなことがツイッターで日本中に公表されているのだろう。

それまで私と妻との間の夫婦関係についての話は周りには伏せていた。

離婚調停も離婚訴訟も、誰も知らないはずだった。二人だけで静かに手続きを進めていくはずだった。様々なことが降りかかっていた中で、それくらい許されても贅沢ではないと思っていた。

この時私は、妻を巡る報道の波の只中にいて、精神はただでさえ不安定だった。いつ壊れてもおかしくないように思えた。それでも仕事で忙しくしていれば、いつの日か気持ちも癒えて、平穏を取り戻せるかもしれない。

そう思い始めていた矢先の暴露だった。

次の会議室に向かう足がふらついた。13日前の衝撃が、頭の中でフラッシュバックしていた。

週刊ポストのスクープ

三浦瑠麗氏のツイートの13日前、2019年4月10日。

その日、テレビ朝日法務部員の私は、放送でご迷惑をかけた社外の関係者にお詫びするため、その方の事務所に向かっていた。

法務部の仕事は不祥事が起きたときの危機管理や裁判対応など多岐にわたるが、最も大切な仕事の一つは、お詫びをすることだ。テレビ局では日々多くの番組や膨大なニュースを放送している。もちろん慎重に取材したうえで放送しているはずだが、誤りがあったり関係者にご迷惑をおかけしたりする場合も出てしまう。そんなとき、私は法務部員として番組関係者と一緒にお詫びとご説明に伺う。この日もそのお詫びのために電車で都内の駅に向かっていた。

すると乗換のために降りた新宿駅で携帯電話が鳴った。広報部長からだった。

「週刊誌から会社に質問のファックスが届いたので、ファイルをメールで送っておいた。

君はこの件の対応メンバーからは外すけど、一応見ておいてね」

当時私は、会社に何らかの取材が入った際には、そのほとんどで対応に携わっていた。でも今回は、自分は外されている。なぜか心拍数が上がった。

一つ息を吸ってから、スマートフォンで会社のメールボックスを開く。ファクシミリは週刊ポスト編集部からだった。

拝啓

時下、ますますご健勝のこととお慶び申し上げます。

現在、弊誌「週刊ポスト」にて、貴社の政治部所属、村上祐子記者について取材を進めております。

えっ？　妻の名前が目に飛び込んできた。身体《からだ》が凍り付いた。

その過程で、村上記者が現在、ＮＨＫの政治部記者の男性と同棲している事実が確認されました。

同棲？　誰が？　ＮＨＫ？

頭がすっと冷たくなり上手《うま》く働かない。何も考えられない。おぼつかない手でスマートフォンの画面を動かし、続く質問を見つめる。


村上記者が、夫・西脇亨輔氏と別の男性と同棲していることを、貴社は把握されていますか。


よく耳にする「後頭部を鈍器で殴られたような衝撃」という言葉そのままの感覚だった。頭の痛みに目を閉じた。駅中の音は消えて、みるみる手が冷たくなる。口をまっすぐに閉じているだけで大変だった。少しでも力を抜いたら、おかしな声を出してしまいそうだった。

妻は、誰かと同棲しているのか。

駅の中の景色が歪んで見え始め、とにかく近くのベンチに座って息を吸った。そうしないと倒れそうだった。

それでも仕事の時間は容赦なく迫ってきた。

私は気力を振り絞って立ち上がり、放送についてのお詫びをしに雑居ビルの一角にある相手方の事務所を訪ねた。事前に考えていたご説明をし、お詫びをしたはずだ。でもその時の記憶は真っ白になっている。蒼ざめた顔でただただお詫びを繰り返した自分の声だけが、頭にこびりついている。

「申し訳ございません」

「本当に申し訳ございません」

その時の私には、頭を下げ続けることしか許されていなかった。


週刊ポストが発売されたのは2019年4月15日だった。朝出社してすぐ、会社の広報担当者から記事のコピーを渡された。人気《ひとけ》のない会社の廊下の片隅で記事を開いた。

「スクープ撮　局内きっての『おしどり夫婦』のはずが――　テレ朝『朝まで生テレビ！』MC村上祐子アナ　同僚夫は知らない〝禁断の職場愛〟」

そう見出しが付けられた記事には、当時の私の妻で、テレビ朝日「朝まで生テレビ！」の番組進行を担当するMCとして田原総一朗氏の討論司会をサポートしていた村上祐子氏（元アナウンサー、当時は政治部記者）が、NHKの政治部記者の男性と花見をした後、男性のマンションで一夜を明かしたと報じられていた。妻と男性記者はすでに同棲しているようだという内容も含まれていた。全く知らない話だった。

見出しの下には白く浮き上がる桜の花、そして見知らぬ男性と歩く当時の私の妻の写真があった。

見ちゃいけない。

心の声はそう叫んだ。頭の中でぐわんぐわんと大きな音が反響し、写真を直視したら耐え切れないと分かっていた。でも私はそこから視線を動かすことができなかった。

写真の中の妻は、笑顔だった。

夫婦

私と村上祐子氏がお付き合いを始めたのは、2005年のことだった。

当時二人はテレビ朝日のアナウンス部に所属し、同じ朝の情報番組「やじうまプラス」を担当していた。私が村上氏の6年先輩（年齢は8歳上）で、いろいろな相談に乗っているうちに親しくなった。

私から付き合おうと言ったのは、確かお台場の公団住宅の一室だったと思う。そのころ引っ越しを考えていた私が、番組放送が終わった午後に部屋の内覧に行く時、彼女と一緒だった。家具も何もないがらんとしたリビングルームを内覧しながら話をした。お台場の海に反射した太陽の光が大きな窓から入ってきて、少し薄暗い部屋の中をきらきらと彩っていた。そこからお付き合いが始まった。

しかし今思えば、アナウンサーが二人で部屋の内覧に行っている時点で、すぐ周りに分かってしまいそうなものだ。実際に2006年1月末、二人の交際を週刊誌「フラッシュ」に報じられた。

「テレ朝やじうま美女　村上祐子アナ　同僚アナと白昼密室愛　直撃撮だ！」

テレビ朝日の看板番組『やじうまプラス』。そのキャスター同士が2人でマンションに消えていった…。これは事件！　写写丸は〝やじうま根性〟で追っかけた。[※1]

　そんな見出しの記事だったが、実際に記者から「直撃撮」されたのは、雑誌側も配慮したのか、男性の私だけだった。当時担当していた朝の情報番組は午前5時台から放送が始まるため、出勤時間は午前1時。会社の車が迎えに来てくれるのは午前0時30分だった。その日もいつも通り、寝ぼけた顔とぼさぼさの頭で0時30分前に自宅の玄関から出て車に乗ろうとしたその時、フラッシュが焚かれた。

　あら？

　午後10時に寝て、0時過ぎに起きたばかりなので、完全に寝ぼけていて、何が何だか分からない。すると「フラッシュ」の記者の人が現れて、名刺を出しながら質問してくる。

「村上さんとお付き合いされていますよね？」

ああ、これが直撃取材なのかあ。まだ半分頭は寝ていてうまく事態が把握できないが、カメラのフラッシュに容赦なく照らされて、ただごとでないことは感じる。

「お答えできないので、会社の広報を通してください」

とりあえず会社の研修にあった通りの返事だけして、車に乗り込んだ。車内ですぐ、アナウンス部長に電話した。

その時の、私が車に乗り込もうとしている写真が「フラッシュ」に掲載された。コンタクトレンズを入れる前なのでメガネ姿で、顔は寝ている。しかしその写真の下には「本誌の直撃に対し西脇アナは顔面蒼白になってしまった」と書かれていた。本当は寝起きだったのだが。

報道を受けて二人はアナウンス部長から、会社の6階にある会議室に呼び出された。ここで部長に説明しなければならない。約束の時間の15分ほど前に、二人は先に部屋に入って部長を待っていた。この時私は、二人のこれからをはっきりさせようと思った。部長が来る直前、私はテレビ朝日の6B会議室の中で、彼女に求婚した。そして二人は結婚することになった。

結婚したのは週刊誌報道の3か月後、2006年4月だった。その後私は、雑誌報道でご迷惑もおかけしたし、同じアナウンス部内に二人残ることは難しいと考えて、アナウンス部からの異動願いを出し、2007年10月に法務部に異動した。以後は同じ会社の別々の部署で働きながら、結婚生活を送っていた。私は平日勤務、相手は週末中心の勤務だったので、二人が一日中一緒にいるのは、正月三が日と、二人でやり繰りして日取りを合わせた1週間の夏休みだけだった。

結婚生活の中には楽しいことも、大変なこともあったと思う。お互い忙しくする中で、すれ違ってしまうときもあったかもしれない。ただ相手があることなので、詳しくお話しするのは控えたいと思う。

そして結婚から10年を迎えようというとき、村上氏からいわゆる離婚調停を申し立てられた。

離婚調停

「いわゆる離婚調停」と書いたのは、この調停の正式な名前は「離婚調停」ではないからだ。

夫婦がうまくいかなくなり離婚を考え始めたとき、二人とも離婚したいと思っているのであれば、市区町村の役所から離婚届をもらってきて、署名押印して役所に提出するのが一番早い方法だ。これが「協議離婚」で、離婚の方法としては最も数が多い。

一方で、片方は離婚したくても、他方は結婚生活を続けたいと思っている場合もある。この場合、日本ではいきなり離婚の裁判（離婚訴訟）を起こすことはできない。裁判をする前に、まずは裁判所の中で夫婦が話し合う場を設けることになっている。これが「調停」という制度だ。調停の場で夫婦が話し合い、修復できるかどうか夫婦の関係を調整していく。このため正式名称は「離婚調停」ではなく、「夫婦関係調整調停」となっている。この調停で夫婦が合意できなかった場合に初めて「離婚訴訟」という次のステップに進むことになる。

私は結婚生活を続けたいと願って調停に臨んでいた。

離婚を望まない側は調停で、この先夫婦関係が回復する可能性があると主張して、それを証明しなければならない。ただ、刑事事件の有罪・無罪や契約関係の民事事件であれば物的証拠で証明できるが、「この先、夫婦関係が回復する可能性」を証明できる物的証拠はない。

そこで結婚関係を続けることを望む側が行うのは「これまでの結婚生活が幸せだったこと」を証明する証拠の提出と、これからの結婚生活に対する自分自身の気持ちの陳述となる。私もまず、これまでの結婚生活での幸せを振り返る写真を集めた証拠書類を作ることになった。調停の手続きも全て自分ひとりで行ったので、証拠書類も自分で作成する。

結婚した日まで遡り、一緒に暮らした約10年分の写真を一枚一枚確認し、その中から幸せを証明するための写真を選んでいく。

結婚式、新婚旅行、結婚3年目でローンを組んで購入したマイホーム、何ということもない日常のスナップ、そして毎年一度は二人で欠かさず行っていたお花見……。

深夜に一人、自宅で結婚生活を振り返る写真を一枚一枚めくるたびに、痺れがはしった。

いたい。いたい。

そのたびに身体を小さくすくめていた。

それでも証拠を作成しなければならない。証拠書類に選び抜いた写真を順に貼り付けていき、写真番号1、写真番号2と番号をふっていく。これまでの10年間の思い出が、事務的な書類に姿を変えていく。閉じ込められた写真たちを前にして、そんなつもりはなかったのに、涙が溢れていた。


でもまだ資料の作成は終わらない。次は陳述書を記さなくてはいけない。気持ちを伝えるためパソコンではなく手書きにすることにした。ただ、私は昔から字が拙い。その上最近はパソコンばかり使っていて、文章を手で書くことはほとんどなかった。気休めと思いつつ買ってきた『大人のペン字練習帳』という本を開いて、「あ」「い」「う」と、ひら仮名だけ順に何回か練習してみる。文章に一番よく出てくる文字とされる「に」と「か」の文字が心持ちまともに見え始めたところで、万年筆を手に取った。

別々に暮らすようになってから一年がたちました。

元気にしていますか。仕事は順調ですか。どんな毎日ですか。

私は広すぎる部屋の中で、一人で色々考えています。


異動後、私の中では二人の時間はただ楽しく過ごしたいという思いがより強くなっていました。

食事に行く。旅行に行く。仕事の時間から逃れる。

そんな「楽しさ」を求める一方で、二人の人生について真剣に考えてこなかったと思います。目の前の「今」から逃れるのに精一杯でした。そんな中で二人の距離が広がっていってしまった気がします。


今では逃げずにぶつかりたいと思っています。

家に帰ってきてください。

そしてやり直させてください。

小学生の反省文のような下手な字で、たどたどしい文章を綴った。

書き終えたときにはすっかり夜が明けていた。そのまま裁判所へ、手書きの文章を出しに行った。

資料を提出した後は、調停委員を交えた話し合いが始まる。

調停委員は公務員のOB、OGや地元の民生委員の方などから選ばれることが多く、夫婦関係の事案だと男女の公平のために、男性1名、女性1名の2名が選出される。私達の調停を担当してくださった調停委員もご高齢の男性、女性お一人ずつだった。

お二人とも丁寧に話を聞いてくださり、人生の先輩としてアドバイスをされる。その内容は尤《もっと》もなものだった。ただ、時には調停をまとめられるなら何とかまとめたいという気持ちが強くなる場合もある。私に対して離婚への同意を勧める中で、最後はこうおっしゃっていた。

「離婚に応じるってきっぱり言えば、逆に奥さんが惚れ直すかもしれませんよ」

それはどうかと思ったので、結局応じなかった。

調停は不成立となり、村上氏は2018年12月28日付で離婚訴訟を起こした。その訴状が私のもとに送達されたのが2019年1月、週刊ポストの記事が報じられたのはその3か月後だった。

離婚の手続きは夫婦にとってとても重い道程で、プライバシーの最たるものだ。その手続きの中では、二人は自分自身を曝《さら》け出し、心をむき出しにして相手と対峙しなければならない場面が多い。私も手続きを進めていく中で自分の身を削り続けて、どんなことにも感じやすくなっていた。

そこに週刊ポストの報道があった。記事には妻と男性記者は単に交際しているだけではなく、既に男性記者のマンションで同棲しているように書かれていた。

とすると、交際はいつから始まっていたのか。離婚調停や離婚訴訟を起こした時点ではもう交際していたのか。もう同棲はしていたのか。頭の中には衝撃と疑問が渦巻いていた。

週刊ポスト報道があってからしばらくの間、自分がどうやって生きていたのかあまりよく覚えていない。はっきり覚えているのは、とにかく心を落ち着けようと慣れないお酒を家で飲んでみたことだ。

私はお酒にはあまり強くなく、350ミリリットルの缶ビール1本で顔は真っ赤になり、眠くなる。

しかしこの時は、買ってきた500ミリリットルの缶ビールを2本飲んでも3本飲んでも、全身が冷たいままだった。頭から血の気が引き、脳の中が冷え切って、目は冴えわたっている。週刊ポストに掲載された妻と男性記者の写真を頭から振り払おうとしても、脳にこびりついて何度もフラッシュバックする。お酒を何杯飲んでもその状態は変わることがなく、吐き気だけが込み上げてきた。

眠気は全く訪れない。一睡もできないまま、真っ暗だった窓の外が徐々に青ざめていくのをただ眺めていた。

私はかつて情報番組の芸能コーナーを担当していた時期があり、有名人の不倫騒動などをよく報じていた。そうしたニュースは不倫をした人の謝罪会見や、不倫相手への直撃取材を報じることが多い。一方で不倫をされた側の声が伝わってくることはほとんどなかった。

された側の気持ちはこういうものなのか。

きりきりと胸を刺す痛みに耐えながら、そう思う日々が続いた。食べるものも食べなくなり、一方で酒量は明らかに私の体質の限界を超えていた。日を追うにつれて、うまく息が吸えなくなっていた。

突然のツイートがあったのは、そのさなかだった。

突然のツイート

週刊ポストの村上祐子氏についての記事は他のスポーツ新聞やインターネット記事でも報じられた。そして一連の報道を受けて、2019年4月23日、テレビ朝日は定例社長会見の席で、村上氏の「朝まで生テレビ!」出演について当面見合わせると発表した。「降板」ではなく、あくまで「当面見合わせ」だった。

しかし、これに対して噛みついたのが、三浦瑠麗氏のツイートだった。

村上祐子氏は2011年から「朝まで生テレビ!」の進行役を担当していた。一方、三浦瑠麗氏は2015年から「朝まで生テレビ!」に出演し始めると、その後テーマを問わず連続して出演するようになり、三浦氏を準レギュラー出演者と呼ぶ人もいた。二人が懇意にしていることは以前から知っていた。

三浦瑠麗氏は、村上氏の男性記者との関係を巡る報道を受けて、こうツイートをした。

２０１９年４月23日

「そもそも何年も別居し離婚調停後、離婚訴訟係争中の人を不倫疑惑とする方が間違い。新しいパートナーと再スタートを切り子供を作ることさえ、離婚しにくい日本では難しい。これは本来多くの人が抱える問題のはずなのに。村上祐子さんを朝まで生テレビから下ろすべきではない。」

さらにその２日後には、こうしたツイートを投稿した。

２０１９年４月25日

「週刊ポストは村上さんの相手が破綻事由でないことも、離婚訴訟中であることも知ってて敢えて隠して不貞行為のように書いたでしょ。」
（三浦瑠麗氏公式ツイッターアカウントより）

離婚関連の手続きについては誰にも明かしていなかった。

職場が違うとはいっても夫婦ともに同じ会社に勤めているので、周囲に気を遣わせないためにも、最終的な結論が出るまではそっと手続きを進めていきたかった。私と妻が離婚調停をしたことも、妻の側から離婚訴訟を起こされたことも、私は誰にも言っていなかった。妻がどうだったかは分からないが、私の知る限りでは会社の中でその話を知っている様子の人はいなかったので、大々的には明かしていなかったのだろう。週刊ポストの記事をはじめ各メディアでも、離婚調停や離婚訴訟について報道されたことはなかった。

しかも三浦氏の2回目のツイートでは、既に結婚が破綻していると断定され、破綻の理由が不貞関係ではないとも断言されていた。なぜそんなことが断言できるのか。何を根拠にツイートがされているのか。私には全く分からなかった。

離婚訴訟が始まって間もない時期に妻と他の男性との同棲が報じられ、私は消耗していた。そんな中、せめて離婚を巡る手続きはそっと進めて、報道についての妻の説明や気持ちも聞いて、話し合いをしていきたいと思っていた。

しかしそんなささやかな望みさえ、突然のツイートに蹂躙された。そのくらいの望みなら贅沢ではないと思っていたのに。

しかもツイートをした主は、大きな力を持っていた。

三浦瑠麗氏

ツイートをした三浦瑠麗氏は国際政治学者として高い知名度をもち、熱心な支持者もいる人物だった。

公表されている情報によると、三浦瑠麗氏は東京大学農学部在学中の2004年、23歳で自由民主党主催の第1回「国際政治・外交論文コンテスト」自由民主党総裁賞を受賞した。当時の自由民主党総裁は小泉純一郎氏、幹事長は安倍晋三氏だった。

「『日本の国際貢献のあり方』を考える」と題した論文は、冒頭に「国際貢献とは日本の生き様を示す舞台でなければならない」という見出しがつけられ、その後「生き様」という言葉が4回繰り返されていた。

その中で三浦氏は、日本はアジア諸国で最初に近代化を成し遂げ、戦後は経済大国となった「ジャパニーズ・ドリームの体現者」であることを自覚して、アジアの正義と理想の体現者となって真の〝共栄圏〟の確立へ努力することが重要であり、国際貢献についても他国に何を求められているかを中心に考えるのをやめて、日本の生き様を世界に示すべきだ等と主張した。この論文の受賞が、三浦瑠麗氏が世に出たきっかけと言われている。

その後、三浦瑠麗氏は2005年度の防衛省・自衛隊主催「安全保障に関する懸賞論文」で、防衛庁長官賞に次ぐ優秀賞を受賞、東京大学大学院を修了後、2012年10月には初の著書『シビリアンの戦争』を出版した。著書の中で三浦瑠麗氏は、平和のためには「デモクラシーをいわば『共和国』像に近付けること」が必要だとし、「具体的な『共和国』への道は、緩やかな徴兵制度の復活ないし予備役兵制度の拡充により、国防に関わる軍の経験や価値観をひとりでも多くの国民が体験することを意味している。」と論じていた。※2

２０１５年にはＮＨＫの番組に出演、その後２０１５年1月30日、テレビ朝日「朝まで生テレビ！」に「国際政治学者」の肩書で初出演する。以後「朝まで生テレビ！」に頻繁に出演するようになり、特に２０１６年からは討論テーマにかかわらずほとんどの放送回に登場していた。

三浦瑠麗氏は２０１６年1月から２０２２年12月までの7年間の「朝まで生テレビ！」放送総数83回のうち、80回に出演している。討論テーマに応じてそれぞれの問題の専門家を招くことが多い番組の中では異色の存在だ。またそれ以外にも数々のテレビ番組に出演するようになり、知名度は高まっていった。

さらに２０１８年8月、三浦瑠麗氏は内閣総理大臣主宰「安全保障と防衛力に関する懇談会」に、北岡伸一東京大学名誉教授、岩﨑茂前統合幕僚長等と並んで「東京大学講師」の肩書で委員に選ばれ、以後も安倍晋三内閣、菅義偉内閣の下で、様々な政府の懇親会、会議などのメンバーに抜擢されていた。

また出版活動も精力的に行い、多くの著名人との対談本も出していた。高村正彦元自民党副総裁（『国家の矛盾』）、猪瀬直樹元東京都知事（『国民国家のリアリズム』）、橋下徹元大阪府知事・大阪市長（『政治を選ぶ力』）、作家の乙武洋匡氏（『それでも、逃げない』）、脳科学者の中野信子氏（『不倫と正義』）。各方面に広い人脈を持っていた。

ツイートの主は、強い影響力を持つ巨大な人物だった。

その影響力は、今回のツイートにもはっきりと現れていた。

拡散

私の頭が真っ白になっているうちにも、三浦瑠麗氏のツイートは瞬く間に拡散していった。三浦瑠麗氏の公式ツイッターアカウントのフォロワー数は、今回のツイートがされた２０１９年当時、17万人以上に上っていた（２０２３年４月の時点では約40万人）。膨大なフォロワー数だ。そしてツイートはここからさらにフォロワー以外の人達にも次々と拡散されていく。

三浦瑠麗氏のツイートに対して、これを見て私たちの夫婦関係について知った三浦氏のフォロワーと思《おぼ》しき人達から次々とコメントが寄せられ、表示されていった。

「婚姻関係はとっくに破綻してるのになぜ裁判所で揉めているのかわからない。」

「今回は夫婦共に婚姻破綻を自認しての離婚裁判（条件闘争）ですね。」

「片方がキチガイで離婚に反対すると離婚しぬくい日本は変わるべき」

（差別表現・誤字等原文ママ、三浦瑠麗氏公式ツイッターアカウントより）

続いて三浦瑠麗氏のツイートが他のマスメディアでも報じられ始めた。スポーツニッポンのウェブサイトは三浦氏のツイートを、

「三浦瑠麗氏、テレ朝・村上祐子氏の『朝生』出演見合わせに『何年も別居中』『不倫疑惑とする方が間違い』」

という見出しで報じた。サンケイスポーツや他のインターネットニュースもこぞって三浦氏のツイートを報道した。秘していたはずだった夫婦のプライバシーが凄まじいスピードでインターネット上を駆け巡っていった。

会社の先輩や同僚からも次々と連絡が入った。

「えっ、離婚訴訟してたの？」

「もう別れるの？」

皆、驚いていた。

東京スポーツのウェブサイトでは「テレ朝・村上祐子氏〝不倫疑惑〟で朝生出演見合わせ　援軍登場するも意外な事実発覚」という見出しをつけて、次のように報じていた。

「『週刊ポスト』は、村上氏とA氏（注：私のこと）は『別居中』としか報じていなかった。」

「三浦氏は村上氏をフォローした格好ですが、同時にA氏との間で離婚訴訟まで発展する深刻な事態に陥っていたことを明かしたともいえる。[※3]」

三浦瑠麗氏のツイートが拡散され、姿は見えないけれどもインターネットの先で確実に光っている多くの人達の目に夫婦関係が晒されていく。プライバシーがおもちゃのように世間に放り出され、ばら撒かれていった。

それを目の前にして、私にはなす術《すべ》が何もなかった。私は法務部でトラブル対応をする一人の会社員で、知名度も発信力もない。また会社には厳しい決まりがあり、社員個人が勝手にソーシャルメディアで発信することは制限されていた。目の前で大事なものが拡散されていく様を、私はただ見ていることしかできない。

既に週刊誌報道で色がなくなっていた私の顔からさらに血の気がなくなるのを感じた。もう自分には感情と呼べるものは残っていなかった。三浦氏のツイートが拡散されていくにつれ自分の中の大切なものが犯され、ツイートに同調するコメントの嵐のひとつひとつが自分を順番に突き刺していくように感じた。

本能

しかし、衝撃を浴び痛みを感じながら、不思議と悲しみはなく涙も湧かなかった。代わりに頭が澄み渡ってくるのを感じた。

それはちょうど野山の中で突然の豪雨に見舞われたときの感覚に似ていた。私は時折一人で山や森を歩いたりキャンプをしたりする。山は天気が変わりやすく、突然目の前も見えないような真っ白な雨に襲われることがある。激しい雨が皮膚を叩きつけ、身体から体温が奪われる。しかし「このままではまずい」と思ったその瞬間、急に頭が冴えわたる。濃い雨の匂いを思い切り吸い込んで高揚感が湧く。まるで身体が生命の危険を察知し、野性が頭をもたげたように感じる。

その時に似たような感覚だった。週刊誌報道を受けてふらふらになっている中、とどめを刺すようなツイートだった。とどめを刺されてしまって、いっそ楽になってしまえばよかったのかもしれない。

しかしこのツイートに負けるのは間違っている。冷え切って澄み切った頭の中でそう考えた。ツイートの向こうには、自分の影響力と発信力を使って、思い通りに全てを押し切ろうとしている三浦瑠麗氏の姿が見えた気がした。

三浦氏は村上祐子氏と「朝まで生テレビ!」で共演し昵懇《じっこん》の仲なので、不倫疑惑報道で生まれた世論の矛先を村上氏から逸らして庇《かば》うつもりで今回のツイートをしたのだろう。

　しかし週刊ポストの不倫疑惑報道やテレビ朝日の「朝まで生テレビ！」の出演見合わせに抗議するのであれば、週刊ポストの報道姿勢やテレビ朝日の番組出演者の決め方について異議を唱えればいい。そのことと、離婚調停や離婚訴訟について世の中に勝手に晒すことの間には、何の関係もないはずだ。このツイートで夫婦関係のプライバシーが晒されなければならない必要性は、何もない。

　このツイートはプライバシー権を侵害する違法行為だと、私は確信した。ただ、違法なツイートでも既に公表されてしまった以上、今からこれを取り消したり、なかったことにしたりすることは当然できない。

　でも裁判をすれば勝てるはずだ。勝訴すれば、三浦瑠麗氏のこのツイートは違法だと、世に知らしめることができる。やられっぱなしで諦めたら、やった者勝ちになってしまう。

　頭の中に、三浦瑠麗氏が笑っている姿が浮かんだ気がした。

　ここでうなだれていては、向こうの思う壺だ。何もなかった振りをして、自分で自分を騙しちゃいけない。逃げちゃいけない。

三浦瑠麗氏のツイートに、立ち向かわなければいけない。
そこまで考えたところで、現実が立ちはだかった。

第二章

闘いへの日々

逡巡

自分はテレビ朝日の一人のサラリーマンだ。この時48歳。法務部員として働いてきて、50歳を目前にサラリーマン人生の中のとても大事な時期を迎えていた。

一方で相手の三浦瑠麗氏はテレビ朝日「朝まで生テレビ！」に討論テーマにかかわらずほとんどの放送回に出演していた。特に2017年から2019年にかけては全放送回に皆勤していて、「朝まで生テレビ！」の準レギュラー出演者と言っていい立場だった。

私は、三浦瑠麗氏は番組の討論司会をしている田原総一朗氏に気に入られているのだろうと思った。私の当時の妻の村上祐子氏も田原総一朗氏に公私ともに親しく接してもらっていたが、きっとそれに近い関係性なのだろうと考えていた。

そうであるならば、三浦瑠麗氏と闘うということは、私が勤める会社の看板番組の一つを背負う田原総一朗氏に楯突くことになりかねない。「朝まで生テレビ！」の番組関係者からも厳しい反発があるだろう。看板番組の出演者に対して反旗を翻すなど、テレビ局に勤める一介のサラリーマンが普通することではない。

もしサラリーマンとして、部長など会社組織の意思決定に関わるライン管理職に昇進したいと思ったら、50歳前後という大事な時期に失点することは許されない。この時期までに昇進できるかどうかでその先の会社人生は大きく変わる。重要なポストに就くことができれば、その後会社の意思決定の中枢に近づいていったり、関連会社で役員などの大切な役割を任されたりする可能性が高まる。しかしそうでなければ、その後の地位は限られていくだろう。役職がつかない平社員として日々を過ごしながら、60歳の誕生月に訪れる定年退職の日を待つことになるかもしれない。いや、それどころか三浦瑠麗氏を提訴したらそもそも会社に居づらくなる恐れもある。

テレビ朝日に勤め始めて24年、多くの上司や同僚にも恵まれて、働きやすく居心地のよい会社だった。このまま居続けられた方が良いに決まっている。この会社生活をなげうって、三浦瑠麗氏と闘う必要があるのか。このままなかったことにして我慢すれば、何事もなく今日と同じ明日がやってくる。ツイートの痛みもいずれ薄れていくだろう。別にそれでいいんじゃないのか。その方が居心地のよい日々が続くのではないか。そう思いかけた。

しかしその時、自分がテレビ朝日に就職した時のことが、鮮やかに頭に蘇った。

二十四年前のあの時、私がテレビ朝日を選んだのは、平穏な暮らしのためではなかったはずだ。

もっと他の想いがあったはずだ。

二十四年前の記憶

私は1970年、海上自衛隊に勤める父親と専業主婦の母親の家庭の長男として生まれた。生まれてから数年は日本全国の自衛隊の基地を転々としていたそうだが私は憶えていない。その後父親は当時東京の六本木にあった防衛庁で働くようになり、物心ついてからは都内で家族そろって暮らしていた。

父親は極めて厳格だった。体罰はほぼなかったと思うが、自分の考えは曲げない人で、その考えに沿わないと強い言葉が飛んできた。自衛官であり体格は頑強で、声は大きい。顔と顔が触れ合うくらい近くで父親から説教され、幼少期の私にとってその命令は絶対だった。

父親の意向で我が家ではテレビを自由に見ることはできず、見ていい番組は限られていた。ＮＨＫの夜7時のニュースと、その後に続く平野次郎キャスターと幸田シャーミンさんの「海外ウィークリー」や鈴木健二アナウンサーの「クイズ面白ゼミナール」などの教養番組、フジテレビで日曜日の夜に放送されていた「フランダースの犬」をはじめとする世界名作劇場、あとなぜか例外的に「宇宙戦艦ヤマト」「銀河鉄道999」といった松本零士氏が関わった作品などは見ることが許されていた。

その他の番組は見ることができない決まりになっていて、見たことがなかった。小学生の頃は「8時だョ！全員集合」や「オレたちひょうきん族」などの番組が一世を風靡していたが、私はリアルタイムでは一回も見たことがない。

これだと学校で同級生の話題にはついていけない。友達もできない。

小学生の時、石原裕次郎さん率いる石原軍団が出演する「西部警察」というテレビ朝日の刑事ドラマが大ヒットした。派手な爆破シーンやカーアクションが人気で、放送翌日の月曜日、学校の男子の話題は「西部警察」一色だった。だが私は「西部警察」を見ることはできない。話に加われない。

でもその当時買い与えられていたラジオは、ダイヤルをひねるとテレビの音も聞こえるようになっていた。そこでラジオで「西部警察」の音声だけを聞いて、頭の中で映像を想像した。カーチェイス、銃撃戦、爆発。音から脳裏に浮かんだ映像だけを頼りに、週明けの教室に臨んだ。実物を見ていないので話が噛み合わず、曖昧な笑みで誤魔化すことがほとんどだったが、何とか輪の片隅に入ることはできた。

そして中学に進み反抗期を迎えると、私の方がお茶の間に向かわなくなった。その当時はまだスマートフォンなどなく、一家に一台のテレビを見たかったら家族がいるリビングルームに行くしかなかった。

その後大学に進学すると、家から独立して自分の力で生きていくために、私は司法試験を受けることにした。当時は現在のような法科大学院（ロースクール）という制度はなかったので、択一式、論文、口述という3次に及ぶ司法試験に受からなければ法律家の資格は得られない。その受験のためには勉強が必要で、私は寝る時間以外は司法試験予備校の自習室で過ごしていた。当然そこにはテレビはなかった。

そんなテレビとはとても縁遠い人生を歩んでいた私が生まれて初めて自由にテレビを見たのは、司法試験合格後の研修中だった。

司法試験に合格してもすぐに法律家になれるわけではなく、法律家としての実務を学ぶ研修所（司法研修所）に入って司法修習という研修を終える必要がある。私の頃は司法修習は2年間あり、研修所での座学とは別に、全国各地の地方裁判所に配属されて1年4か月にわたり実地で実務を学ぶことになっていた。配属地はランダムに決められて私は栃木県の宇都宮地方裁判所に勤務することになり、1993年、生まれて初めての一人暮らしをすることになった。それは初めて自分のテレビを持てるようになった瞬間でもあった。

裁判所の目の前にある畳工場の2階の6畳一間の自室に、宇都宮駅前の量販店で買った14型のカラーテレビを運び入れた。ついにテレビというものを自由に見ることができる。好きな時間に電源も入れられるし、チャンネルだって変えられる。

早速電源を入れてみた。そして様々なチャンネルをつけてみる。そこにはこれまで見たことのない活気とパワーに溢れた世界があった。当時は「ダウンタウンのごっつええ感じ」などのバラエティー番組が人気を博し、深夜にも実験的な番組が次々と注目を集めていた。どの番組も輝いていて目が離せなかった。

その中でも毎晩食い入るように見ていたのが「ニュースステーション」だった。ダイナミックなVTRや中継、模型などを駆使した解説、そして久米宏キャスターが原稿から顔を上げ、テレビを見ているこちらと目を合わせるようにして伝える鋭いコメントは、どれもそれまで見ていたニュースとは違っていた。それらを目の当たりにして、世の中の様々な生の出来事を生きたまま伝える現場、声を上げるべきときは上げ、世に問うべきことは世に問う毅然とした番組の一員になりたいと思った。

「ニュースステーション」で数々のアナウンサーの方々が活躍されているのを見た私は、生まれて初めてアナウンサー試験というものについて調べ始めた。

アナウンサー試験は難関で、東京にはアナウンサー試験向けの予備校があるらしい。そこで東京・恵比寿にあるアナウンス学校の毎週土曜日全8回のコースに申し込み、週末に宇都宮から東京に通って受講することにした。平日と違って土曜日のコースには大学生はあまりおらず、代わりに社会人や、朗読会を開こうとしているご高齢の方など様々な受講生が集まっていた。そのクラスは社会人の異業種懇親会のような和気藹々《あいあい》とした雰囲気でおよそ就職予備校には思えなかったが、各テレビ局からの願書用紙の入手方法や提出期限を教えてもらい、アナウンサー試験の手続きを始めた。

私はこの時既に弁護士事務所から内定を頂いていた。業界内での評価も高く、弁護士の皆さんも生き生きと働いている事務所だった。しかしアナウンサー試験を受けることにした時、心を決めて採用担当の方に電話した。

「新しくやりたいことができました。申し訳ありませんが、内定を辞退させてください」

採用担当の先輩弁護士は「好きなことをするといいよ」とエールを送ってくださった。その声に背中を押されながらテレビ局に願書を提出した。志願した先は「ニュースステーション」のテレビ朝日だった。

書類選考、1次面接、2次面接、役員面接と、なぜか次の段階、次の段階へと進んでいき、気づいたら内定を頂くことになった。他の受験者の方がどう考えても私よりはきはきと話をされていたので、私はきっと経歴の物珍しさで採用されたのだろう。入社後に先輩アナウンサーからお聞きした話では、私は最初の書類選考で早くも落選していたが、落選した履歴書の箱を再度確認していた一人の先輩が「なんか面白そうですよ」と復活させてくださったそうだ。もちろん、その先輩には今も頭が上がらない。

テレビ朝日からの内定後、司法研修所の所長に呼び出された。今と違ってその当時は、司法試験を通った後に企業に就職することはほぼなかった。そのため司法研修所も前代未聞の事態に驚いたらしい。

当時の所長は卓越した裁判官として有名な人だった。所長と一対一で顔を合わせることなどそれまでなかった。緊張に包まれながら所長室に入ると、デスクに向かった所長は大きな窓ガラスから射しこむ光を背にし、その影で顔の表情は見えなかった。

「こんな進路、聞いたことないよ」

所長はそう言うと窓の方を見た。

「本当にこれで後悔しないのかい？」

重苦しい空気が部屋に満ちた。でも私は、力を振り絞って答えた。

「はい。わたしは決めました」

所長はそれ以上何も言わなかった。テレビ朝日への就職が決まった。


その時24歳の私は高揚感に包まれていた。

「新しい世界に飛び込んでやる」

「弁護士とは違う形で、良い世の中を作ってやる」

そう思っていた。

決意

会社から帰宅し独りきりのがらんとした夜の部屋の中で、二十四年前の自分と、今の自分を比べてみた。

弁護士事務所ではなくテレビ朝日に入ると決めた24歳の私は、少なくとも守りに入ろうと思ってテレビ局を選んだわけではなかった。声を上げるべきときは上げ、世に問うべきことは世に問う。あの頃はそんな姿に憧れてこの職場を選んだはずだった。

あの時の自分だったら、地位や生活を守ろうとは考えなかったはずだ。何もしないで目を伏せたりはしなかったはずだ。

さらに私の胸には、前々から抱いていた想いも湧いてきた。それは近年のインターネットや表現の場での「言った者勝ち」「目立った者勝ち」という風潮に一矢報いたいという気持ちだった。

メディアの世界の中で他より目立たないと生き残れないことは、自分もその世界の端くれとして働いている以上分かる。しかしフォロワー数を増やしたりページビューを伸ばしたりするために、刺激的な言葉や通常の正論とは逆の珍しい意見、いわゆる「逆張り」のコメントばかりを投入して、炎上も宣伝と悪びれないという流れは健全ではないと思っていた。特に学者やコメンテーターを名乗る立場の人物がそうした発信を始めると、何が本当の正論なのか徐々に分からなくなっていく。もし政治に関わる場で無責任な発言をされたら、国の政策まで歪みかねない。刺激と注目ばかりを求める風潮の先に、今回のツイートのような、言われる相手方のことを考えない発信が生まれたのではないか。そう考えた。知名度と声の大きさだけで、その発信がまかり通る世の中にしてはいけない。自分がどんなに非力でも、僅かなことしかできなくても、持てる限りの力で抵抗しないといけない。

48歳の私は、最近1日や1か月そして1年さえもあっという間に過ぎていくように感じていた。このまま暮らせばあっという間に大過なく定年を迎えることもできるだろう。でもそれと引き換えに、自分の大事なものを失ってもいいのか。自分が闘うことで、世の中の何かがほんの少しでも変わるかもしれない。その可能性を黙って見送っていいのか。

ふと、黒澤明監督の映画「生きる」の一場面を思い出した。

自分を抑え続けて生きてきた主人公の市役所職員が、胃がんで余命わずかと宣告される。そしてこれまでの人生を振り返り、残された時間について、全身から絞り出すような声でこう語る。


「生きて死にたい。それでなければ、とても死ねない」


その言葉は、今の自分の心の声だった。

三浦氏のツイートが映ったスマートフォンを見つめながら、私は提訴することを決めた。

上司への説明

裁判を起こすと決意したものの、そこにはまだ乗り越えなければならない大きな壁があった。上司へのご説明だ。

一人のサラリーマンである以上、提訴という大きな決断を上司に説明しないわけにはいかない。三浦瑠麗氏はテレビ朝日の番組出演者でもあるし、私が裁判を起こしたことは一部で報道もされるだろう。会社に迷惑をかけることになるので、せめて事前にお知らせする必要があった。お知らせに上がる先を考え、直属の上司や関係する役員の方々のもとに伺わなくてはならない。

でもこの提訴をどう説明するか。

私は考えて、上司に許可を求めるような言い方ではなく、三浦瑠麗氏に対する提訴を既に決意したことを「宣言」し、上司にお知りおきいただくという言い方にしようと思った。

確かに三浦瑠麗氏を訴えることで会社には多大な迷惑をかけてしまう。私自身のこの先の会社人生も順調ではなくなるだろう。ただ、会社員としてではなく一人の個人として正規の裁判を起こすことは、私自身の国民としての権利の一つだ。サラリーマンといえども全人格が会社に属しているわけではなく、業務以外の時間や人生には、理屈の上では、会社の権限は及ばない。だから私個人として決断して「宣言」するのが筋が通っていると思った。

加えて私が上司の皆様に一方的に提訴を「宣言」する形にしようとしたことにはもう一つ理由があった。それは上司の皆様を悩ませたくはないという気持ちだった。

もし裁判を起こしていいかどうか私が上司にお伺いを立てるような言葉遣いをしてしまうと、提訴について上司の方に相談し、上司が決断の場に関わっていたともとられかねない。もしその場で上司の方が裁判に理解を示してくださったら、その上司は裁判を公認したと見る人が出かねないし、一方で上司は私の相談を聞いて裁判を止めようとしたが止められなかったということになっても、「なぜ止められなかったのか」と言う人が出かねない。

この裁判はあくまで私個人が勝手に起こしたものであって、上司の皆様には提訴を決意した後にそれをお伝えしただけ。私個人が暴走しているだけで、会社はこの裁判には何の関わりもない。この裁判に関する一切は、私ひとりがこの身で背負う。

この筋だけはきちんと通したかった。そうすることで周囲の方々へのご迷惑を少しでも減らすことができたらと思っていた。

提訴予定日の1週間ほど前から、関係する上司の皆様への説明回りを始めた。日頃は立ち入ることのない役員フロアや上司の執務室に入るだけで足がすくむ。緊張で上ずった声で、何とか事前に考えた説明を口に出してみた。

「私と妻の間の夫婦関係が難しい状況にある中で、三浦瑠麗さんに一番触れられたくないプライバシーを晒されるようなツイートをされました。自分としてはこれはプライバシー侵害や名誉毀損だと思っています。このまま泣き寝入りはしたくありません。

そこで三浦瑠麗さんを提訴して、この件について法廷で闘うことに決めました。

裁判は会社の業務時間外に、自分ひとりで進めていきます。

『朝まで生テレビ！』の出演者を相手に裁判をすることになりますし、一部で報道もされることになると思います。

会社には大変ご迷惑をおかけします。申し訳ありません」

そう一気に説明して、頭を深く下げた。

上司の皆様の反応については詳《つまび》らかにすることは控えるが、最終的には、個人の話だから会社は関知しないというお話になったと思う。怒号が飛んでくるかもしれない、強く叱責されるかもしれないという考えは杞憂だった。

この文章を書いている時点では、私はまだテレビ朝日社員だ。そのため「きっと会社に遠慮して、会社によいように書いているんだろう」と思われてしまうかもしれない。ご指摘はご尤もなのだが、私はこの本を出版しようと決心した時点で、もう会社での地位はきっぱり諦めている。だから会社によいように書く理由はない。上司の方へのご報告の時に圧力めいたものを感じたことは、実際になかった。私はただ申し訳なく、頭を下げ続けていた。

ご説明して回っている中でお一人、気にかけて飲みに誘ってくださった上司がいらした。六本木の焼鳥屋の簾で区切られた半個室で向き合いながら、その上司は「とても心配している」とおっしゃった。

これまで頑張ってきて、会社員としてはこれからが大事な時期だよ。

つらい気持ちなのは分かるし、怒りをぶつけたくもあるだろう。でも物事を突き詰めて考えすぎなんじゃないか。

「いい加減」という言葉は良くない意味と思われることが多いけど、実は「好い加減」というのは「ちょうど良い」という意味でもあるんだよ。私もよく「いい加減だ」とか言われる方だけど、でも「好い加減」であることで救われてきたこともたくさんあった。なんでも理屈で突き詰めるんじゃなくて「好い加減」でおさめることは、幸せに生きていくために大事だと思うよ。

そんな言葉をかけていただいた。自分のことをここまで親身に思って声をかけていただき、涙してしまいそうだった。言われたこともまさに正論だった。

でも私の心は、たとえ不幸になっても闘わなければならないと頑なに告げていた。理屈の上では闘うことのデメリットはとても大きく、一方でメリットがあるかどうかは分からない。それでも自分が自分であるために、筋を通さなければならないと感じていた。この時、現世での幸せは諦める決意をした。

上司の方にはその場でお礼しつつ、「やはり裁判をさせていただきます」とお伝えした。その上司の方はもう会社を卒業されているが、今でも本当にありがたく、そして申し訳なく思っている。

仲間からの制止

時を同じくして、司法研修所の同期会があった。

司法試験に合格してから実際に法律家として働き始める前の2年間、ともに研修を受けた司法研修所同窓生の絆は強い。この日は数年に一度の大々的な同期会だった。

会場の和食店でひとりひとり近況報告をする。ただ、私は自分から報告する必要はなかった。皆、週刊ポストの報道のことは知っていて、私が近況報告しようとすると、方々から「まだ先は長い」「これから、いいことあるよ」という励ましの声が飛んでくる。1次会の後はみんなでカラオケボックスに行って堀江淳さんの「メモリーグラス」(失恋の歌だ)を合唱した。同窓生の温かさが身に染みた。

その中で私は、三浦瑠麗氏提訴について意見を聞いてみたいと思った。同窓生は皆一線で活躍している法律家ばかりで、その忌憚ない意見はとても参考になる。「見通しが甘い!」と怒られることを覚悟で、おそるおそる三浦瑠麗氏を提訴しようと考えていることを説明する。

すると口々に答えが返ってきた。

「勝てるんじゃないの」

「これはプライバシー侵害は成立するだろう」

大半が好意的な意見だった。これは百人力だ。よかった。

しかし続けて、皆から強く制止された。


自分の弁護は、自分でしない方がいいよ。

自分でも分かっていた。弁護士の仕事の重要なものの一つに「依頼者の説得」がある。弁護士はもちろん依頼者の要望を第一に考えて相手方と闘う。それでも法律の専門家として見て、依頼者の要望をそのまま実現するのが難しい場合もある。ここで我慢して引いておいた方が、結果としては利益になるという事案もある。

そうしたときに、依頼者と向き合ってきちんと状況を説明することは弁護士の仕事として重要だ。裁判などの争いごとでは、依頼者が感情的になっていることも多い。そうした依頼者を前に、弁護士が冷静な助言役を務めることが必要な場面もある。

でも、自分で自分の弁護をしたら……。自分が頭に血が上ったら、弁護士も同じように血が上り、自分が落ち込んだら、弁護士も同じように落ち込むことになる。「冷静な助言役」がいなくなってしまう。

もし自分で自分の弁護をするのであれば、感情に溺れる自分とは別の、冷静に戦略を練る「もう一人の自分」を作る必要がある。ただ、これは精神的にきつい作業だ。頭の中で、感情的な自分ともう一人の自分が常に綱引きを始め、心がひとときも休まらなくなる。

そして三浦瑠麗氏との裁判は、私の感情を大きく揺さぶる事案だった。

本当に冷静さを保てるのか。感情に呑み込まれずに裁判を闘い抜けるのか。「自分で自分を弁護するな」という同窓生の制止は正論だった。

しかし、私は自分ひとりでやりたかった。この裁判は経済的な損得ではなく、自分自身を守り抜くための、気持ちの闘いだった。勝負よりも「自分は全力を尽くした」と自分の手足で実感できるかどうかが何より大切だった。そのためには、どんなに険しくても、全ての道程を自分自身で歩くことが必要だった。私は他の弁護士に依頼せず、自分だけで裁判を行ういわゆる「本人訴訟」にしようと心に決めていた。

同窓生は口々に、

「俺が引き受けてやるよ」「私がやってあげる」

と言ってくれた。ありがたかった。

でも私は立ち上がって、皆を前にして言った。

「自分に、やらせてください」

この時私はその道程がどれほど長くなるのか、まだ分かっていなかった。

提訴前夜

会社にも宣言し自分の手で闘う決心も固め、いよいよ三浦瑠麗氏を提訴する。ただ、その準備は全てが手探りだった。

私は2007年の異動後10年以上にわたって法務部で弁護士として活動していた。

会社の法務部では社外から様々な裁判を起こされて「被告」の立場で防御の活動をする

ことが通常だ。自分達から社外の誰かを提訴するという「原告」の立場になることはほぼない。また私は会社の業務とは別に弁護士会の公益活動として国選弁護は行っていたが、これも刑事事件の被告人を防御するという立場で、訴える側ではない。内心ではどきどきしながら、慣れない訴状を書き始めることにした。

そもそも訴えの内容をどう組み立てていくか、過去の裁判例を調べながら考えていく。

まず確実に認められそうな主張はプライバシー侵害だ。

プライバシー権は法律の条文で定められているものではなく、過去の裁判例の中で築かれてきた。日本で最初にプライバシー権という考え方が登場したのは、いわゆる「『宴のあと』事件」とされている。※4 東京都知事選候補の政治家と料亭の女将を主人公とした三島由紀夫氏の小説「宴のあと」について、そのモデルとされる政治家が三島氏と出版社を訴えた裁判だ。その判決は「日本国憲法のよって立つところでもある個人の尊厳という思想は、相互の人格が尊重され、不当な干渉から自我が保護されることによってはじめて確実なものとなるのであって、そのためには、正当な理由がなく他人の私事を公開することが許されてはならないことは言うまでもないところである。」として、私生活をみだりに公開されない権利、いわゆるプライバシー権の保護を認めた。

そしてプライバシー権として保護されるためには、次の3つの条件を満たす必要があるとされている。

①私生活上のことがらであること
②一般人の感覚で考えて、公開を欲しないであろうことがらであること
③一般の人々にまだ知られていないことがらであること

今回のツイートについて検討してみると①内容が夫婦生活に関する私生活上のことがらであることは疑いない。②離婚に関する事項が、一般的に考えて公開されたくないものであることも明らかだ。また③三浦氏のツイート内容は、ツイート前には全く公表も報道もされていない。大丈夫。プライバシー侵害の条件は満たしている。


ただし、その先にもう一つ、最大の難関がある。それが「違法」かどうかの判断だ。

他人のプライバシーを公表・侵害した場合でも、それだけでは慰謝料の請求は認められない。そのプライバシー公表がニュース報道に必要であるなど正当な理由がある場合は

「違法」にはならず、損害賠償請求は認められないことになっている。

そして「違法」かどうかの判断は、プライバシーを「公表されない利益」と「公表する理由」のどちらが大きいかを比較して決めるというのが最高裁判所の判例だ。[※5]

では今回、私達の離婚調停や離婚訴訟などについてツイートで公表することは「違法」と言えるのか。三浦瑠麗氏には私達のプライバシーを公表する正当な理由があったと言えるのか。

私は三浦瑠麗氏に正当な理由はないと確信していたが、裁判ではこの点が主戦場になるだろう。

もう一つ、私が加えたい主張があった。それは名誉毀損の主張だった。

三浦氏のツイートは離婚調停や離婚訴訟など「結婚関係が順調ではない」ことを世の中に広め、離婚訴訟が続いている現状に関して「問題」と述べているので、私の夫婦関係についての名誉を傷つけているという主張だ。

ただ実を言うと、名誉毀損の主張を認めてもらうのは過去の裁判例からすると難しいだろうとは考えていた。

「あの夫婦は離婚した」とか「離婚しそうだ」「破綻寸前だ」という表現は、一見すると
その夫婦を悪く言い、名誉を傷つけているように思える。特に芸能ニュースでは時折、全
く不仲ではない夫婦について「離婚へ」などと報じている場合もある。当然、その夫婦は
勝手に離婚寸前扱いされて怒るだろう。現に名誉毀損だとして裁判を起こした人もいる。

ただ、我が国の過去の裁判例は「『離婚』と言われただけでは名誉は傷つかない（法律
用語では「社会的評価は低下しない」）」と判断するものが大部分だ。

有名な裁判例は、俳優・タレントの小池栄子さんと格闘家坂田亘さんのご夫婦について
離婚の危機と報じたスポーツ新聞記事についてのものだ。ご夫婦は記事は誤報で名誉を傷
つけられたとして損害賠償を求めた。ご夫婦側の主張は、事実ではない離婚危機報道によ
って芸能界で定着していた「おしどり夫婦」というイメージを傷つけられ、社会の評価が
下がったというものだった。

しかし判決は夫の名誉毀損の主張を退け、その理由としてこう述べた。

「離婚に関する事実は、離婚する夫婦が少なくない昨今の事情等をも踏まえると、直《ただ》ちに
その原因のいかんにかかわらず当該両当事者の社会的評価を低下させ得るものとまでは認
め難い[※6]」

つまり裁判所は「最近は離婚する夫婦もたくさんいるので、『離婚した』とか『離婚しそうだ』と言われただけで、その人の評価が下がったり名誉が傷ついたりすることはない」と判断したのだった（なお判決では小池さんについてだけ、誤報がタレントとしての仕事に影響したとしてその分の損害賠償330万円が認められた）。

このように過去の裁判例では「離婚と言われただけでは、名誉は傷つかない」とされている。しかし私の意見としては、勝手に「離婚だ」「夫婦破綻だ」と言われることは、やはりその夫婦の名誉を害していると思う。そこで過去の裁判例とは違ってしまうが、今回の裁判では名誉毀損も主張することにした。

私が名誉毀損の主張にこだわったことには、理由がもう一つあった。それは「謝罪広告」だ。

今回の裁判の目的はお金ではない。三浦氏のツイートが間違っていることを、裁判を通じて世に問うことが目的だった。そのために私が最も請求したかったのは、お金よりも、三浦瑠麗氏が自分で「今回のツイートは不適切だった」と認めて、公に謝罪することだった。

ただ、謝罪広告について定めている民法723条には「他人の名誉を毀損した者に対しては」謝罪広告などを命ずることができると定められていて、「名誉毀損」だけがその対象となっている。「プライバシー侵害」についても謝罪広告を認めた裁判例は一つだけ見つけたが、法律にこうはっきりと書かれている以上、名誉毀損の主張をせずに謝罪広告を求めることは難しい。

そこで訴状では名誉毀損の主張とあわせて、謝罪広告を請求した。この謝罪広告の文案も、請求する私の側で一言一句考えて訴状に書かなければならない。三浦瑠麗氏にどのように謝罪してほしいか。私は、次のような文案を書き込んだ。

「ここに当該ツイートを撤回すると共に、関係者の皆様にお詫び致します。」

この裁判で私が本当に求めていたのは、三浦瑠麗氏のこの言葉だけだった。

心の値段

こうして訴状の骨格を決めた上で、最後に三浦瑠麗氏に支払いを求める損害賠償の金額を決めることにした。

日本の裁判で認められる損害賠償額は、少ない。特に名誉毀損などで問題となる精神的な損害に対する賠償、いわゆる「慰謝料」の金額は長きにわたって低いまま据え置かれている。

良し悪しは別として、アメリカでは名誉毀損の慰謝料は桁違いに巨額だ。2016年には元プロレスラーのハルク・ホーガンさんのプライバシーを侵害したウェブサイトに対して、フロリダ州の陪審が当時の日本円で約157億円（1億4000万ドル）の損害賠償を命じている。

一方、日本では、生命や身体を物理的に傷つけられたり財産を失ったりするといった「形のある損害」に比べて、心を傷つけられたという「形のない損害」についての慰謝料の金額は低く、「3ケタ」つまり100万円を超えることは珍しいとされてきた。心の傷の値段は、日本ではとても安い。

実は2001年頃、裁判官の間でも名誉毀損などの慰謝料が安すぎるのではないかという声が出て、以前より高い金額の損害賠償を認める判決が出ることもあった。

2001年、プロ野球の清原和博選手（当時読売ジャイアンツ）について週刊誌が「真面目に自主トレーニングをせず、ストリップバーに通っている」という内容の事実無根の報道をしたとして清原選手が出版社を訴えた裁判では、慰謝料１０００万円が東京地方裁判所で認められ、画期的判決といわれた（控訴審では６００万円に減額）。同じ年には俳優大原麗子さんの近隣トラブルに関する週刊誌報道について真実と認められない等として慰謝料５００万円の支払いが東京地方裁判所で命じられた。

しかし以後、これに続けと名誉毀損の慰謝料が上がっていったのかというと、そうとは言えないようだ。

最近名誉毀損が認められた主な判決を手元の判例検索サイトで調べてみたが、慰謝料の金額は30万円前後のものが最も多く見つかった。20万円や10万円以下という判決もある。一方で１００万円台の慰謝料を認めた判決も複数見つかったが、これを超える慰謝料が認められた事案は僅かだった。

個人で判例検索サイトから抜き出した結果なので全てを網羅したわけではないが、大まかな傾向を見ると、企業や著名人の信用を貶めるような名誉毀損は１００万円台など高額の賠償が認められやすい半面、一般の個人が被害にあったケースでは30万円台が一つのピークになっているようだった。一方で200万円以上の慰謝料が認められたケースを見つけるのは大変だった。またプライバシー侵害の場合は、名誉毀損の慰謝料よりさらに低い金額になることが多い。

この慰謝料の金額の低さは、名誉毀損やプライバシー侵害の被害者が泣き寝入りをする原因の一つになっているのではないだろうか。

仮に名誉毀損やプライバシー侵害で慰謝料を数十万円取れたとして、その裁判には一体いくらの費用が掛かるのか。

弁護士に依頼した場合、着手金と報酬あわせて少なくとも数十万円は掛かることが多いと思う。複雑な事件だと弁護士報酬は100万円を超えるかもしれない。おそらく多くの場合、数十万円の慰謝料では被害者側の赤字になる。名誉毀損やプライバシー侵害の被害にあわれた方々の中には、弁護士事務所に相談に行き、こうした現実を聞かされて諦め、泣き寝入りしている人が多くいるのではないだろうか。それでも裁判を起こすのは「赤字覚悟でも筋を通したい」と考えて弁護士費用を負担することができる、ごく限られた人になってしまう。

たまたま私の場合は、自分で自分の弁護をすると決めていたので弁護士費用は掛からない。掛かる費用は裁判所に納める提訴の手数料と、裁判通知などのために裁判所に預ける6000円分の郵便切手代だけだ。

それでもこれから乗り越えなければならない長い道程を考えたら、慰謝料を取れたとしてもきっと割に合わないだろう。そのことは最初から覚悟していた。

恥ずかしい失敗

その上で訴状には請求金額をいくらと書くか。

心の傷の値段ほど、自分で決めにくいものはない。

もちろん気持ちの中では1000万円でも、1億円でも足りないと思う。ただあまり現実から離れすぎた金額を書いても裁判所の印象もよくないだろうし、お金も掛かる。

裁判を起こす際には、裁判所に手数料を納めないといけないことは先ほど書いた。手数料は訴状に収入印紙を貼るという方法で納めることになっていて、その額は裁判で請求する金額に応じて決まっている。通常の民事訴訟の提起だと一番安い「請求金額10万円まで」の場合で手数料は１０００円だ。請求金額が30万円だと３０００円、１００万円で１万円などと細かく決められていて、１０００万円では5万円、１億円だと32万円に上る。あまり無理な金額を請求してもこの手数料がかさむだけだ。


現実的には判決で認められる慰謝料は数十万円くらいだと思いつつも、請求金額には自分の気持ちも反映させたい。自分の心の傷は小さなものではないという思いを示すためにも、金額は強気に、きりのいい数字にしたい。私はぼんやりと「請求は１００万円にしよう」と考え、慰謝料１００万円を請求する東京地方裁判所宛ての訴状を作った。

そして誤字脱字をチェックして「間違いなし」と確認して印刷し、印鑑を押し、これを持って東京地方裁判所の受付窓口に向かった。

ついに三浦瑠麗氏を訴える。

裁判所窓口に、意気揚々と訴状を提出した。

すると裁判所の窓口の担当者が、遠慮がちに言った。

「あの、１００万円の請求だと、東京地方裁判所の裁判にはならないんですが……」

顔が真っ赤になった。とても恥ずかしい。これは恥ずかしい。

東京の霞が関には二つの裁判所が隣り合って建っている。東京地方裁判所と東京簡易裁判所だ。

この二つの裁判所は分担が決まっていて、その基準の一つが「請求する金額が１４０万円以下かどうか」となっている。１４０万円以下であれば簡易裁判所、１４０万円を超えると地方裁判所という区分けだ。１４０万円以下の裁判であっても事案の性格によっては地方裁判所で担当してくれる場合もあるが、請求金額での区分けが一番明快だ。

もちろんどちらの裁判所でも専門家である裁判官によって公正な審理をしてもらえる。ただ内容が複雑な事件については裁判所側の判断で地方裁判所に移すことができるなど、やはり地方裁判所の方が様々な事案に対応可能となっている。私としても、後々裁判の結果を広く報告するときのことを考えると、地方裁判所での裁判にしておきたかった。訴状にも「東京地方裁判所　御中」と書いていた。

それなのに、地方裁判所と簡易裁判所を分けている「１４０万円」という金額の決まりが、すっぽり頭から抜けていたなんて……。

顔を真っ赤にしながら、急いで裁判所から踵を返した。

この話は弁護士仲間には決して読まれてはいけないので最初はこの本からこっそり割愛しようと考えていたくらい、恥ずかしい。

「この先の裁判、本当に大丈夫か？」

自分の未熟さにどぎまぎしながら、自宅に戻って訴状の請求金額を書き直した。まだ冷や汗が止まらなかった。

今度は慰謝料の金額として、１４０万円を超えている「３００万円」と記載した。

第三章

第一審

闘いのはじまり

請求金額を巡るどたばたを経て、ようやく最終版の訴状が完成した。

もう一度書き上げた訴状を見直す。プライバシー侵害と名誉毀損を理由として、慰謝料と謝罪広告を求めるという内容で、もう誤字や間違いはない。請求金額もちゃんと300万円という、地方裁判所で担当してもらえる金額になっている。

この訴状に私個人の実印を押す。請求金額300万円の裁判を起こすための裁判手数料として、1万円の収入印紙を2枚、合計2万円分を訴状に貼り付ける。収入印紙といっても1万円のものとなれば紙質も厚めの立派なもので、貼り損じをしないよう手に緊張が走る。そして無事に裁判所提出用の訴状正本が完成した（なお後に、謝罪広告を請求する手数料として3000円を追加することになった）。さらに被告三浦瑠麗氏に送付するための訴状副本も作成して、証拠資料と一緒に東京地方裁判所の窓口に持ち込む。

提出したのは2019年7月17日午前11時30分だった。今度は無事、訴状を受け取ってもらえた。

東京地方裁判所での担当部は民事第18部。「令和元年（ワ）第18906号」という事件番号が与えられた。

　もう、引き返せない。

　その時私は自分が、平穏で、堅固で、守られた日常を踏み外したことを感じた。目の前に広がっているのは、ぬかるんだ棘《とげ》だらけのけものみちだった。自分の身体が急に軽く頼りなくなった気がして足元が揺らいだ。身震いした。でも進むしかない。

　裁判所の建物を出ると、前の歩道では何かの団体が何かに抗議してシュプレヒコールを上げていた。歩きながら私は、この世界の全てとただ独りで闘わなければいけないような気がしていた。

　その日の午後、私は自宅に戻り、三浦瑠麗氏を提訴したことを報道各社に向けて広報発表した。三浦氏のツイートを不適切と考えていること、そして裁判による公の判断を仰ごうとしていることを広く知って頂くことが、今後の三浦氏の発信、さらに炎上を最初から意図しているかのようなその他の不適切な発信に対して警鐘を鳴らすことになると思ったためだった。

広報発表の方法は二つある。まずいわゆる一般紙と呼ばれる新聞各紙、テレビ局各社、通信社等については、東京地方裁判所の中の司法記者クラブに属しているため、その窓口にファクシミリで告知する。司法記者クラブ窓口の連絡先は東京地方裁判所の代表受付に電話すると教えてくれ、そこにファクシミリを送ると加盟各社に共有される仕組みになっていた。

しかしこれだけでは三浦瑠麗氏との裁判について記事が掲載されそうなスポーツ新聞、夕刊紙、週刊誌などはカバーされない。これらの報道機関については個別に連絡先を調べてファクシミリするという方法をとった。私は数日前から、主要なスポーツ新聞、夕刊紙、週刊誌等の発行元に電話をして広報発表を受け付ける窓口の番号を聞き取り、ファクシミリに記憶させていた。

そして提訴後の午後0時半頃から順次ファクシミリの送信を始めた。ファクシミリで送付する広報発表文は前日に事件番号などを空欄にして作成しておいたので、ここに決まったばかりの事件番号などを書き込む。また文末には問い合わせ先として私の携帯電話の番号を記載した。

タイトルは「三浦瑠麗さんに対する提訴について」。

私はテレビ朝日の番組「朝まで生テレビ！」の司会を担当している村上祐子記者（本名　西脇祐子）の夫です。

国際政治学者の三浦瑠麗さんは、妻である村上祐子記者の不倫疑惑報道（「週刊ポスト」４月26日号）とその後の番組出演見合わせについてツイートした際、それまで報じられていなかった私と妻の離婚訴訟の状況などを晒し、夫婦関係は破綻していたと根拠なく決めつけました。

このツイートでプライバシーを侵害され、名誉を毀損されたため、慰謝料３００万円と謝罪広告を求め、三浦瑠麗さんを東京地方裁判所に本日提訴しました。

そして最後に今の自分の想いを、コメントとして書き加えた。

不倫には被害者がいます。

私は不倫疑惑報道を目にしたとき、頭の奥が痺れ、眠ることができなくなりました。

その中で三浦瑠麗さんのツイートを読みました。


それは離婚訴訟や調停などのプライバシーを、新たに晒すものでした。

報道が正しければ妻である村上祐子記者がしたことは「不貞行為」ですが、そうではなかったかのように書かれていました。

夫婦関係は完全に破綻していたと、根拠なく決めつけていました。


不正確なツイートは拡散し、多くの人がそれを信じ、夫である私への批判の声が相次ぎました。

三浦さんのツイートで、ふたたび心が喪《うしな》われました。

このまま、何もなかったことにしようとも考えました。

しかし、泣き寝入りはしたくありませんでした。

人の痛みなどどうでもよいのなら、社会や政治を語る資格はないと思いました。

そこで裁判を闘うことにしました。


この裁判を通じて、一方的で不正確な言葉によって傷つけられる被害が今後なくなることを願っています。


想いは伝わっただろうか。

ファクシミリを報道各社に送付し、その反応を待った。

10分経過。全く動きはない。20分経過、やはり電話は鳴らない。

と、ふと手元のスマートフォンを見ると、一部のインターネットニュースに「三浦瑠麗氏を提訴」という記事が出始めた。電話での問い合わせはないが、ファクシミリした広報発表文をもとに記事が書かれている。そして広報発表から1時間ほど経過して、スポーツ新聞などから電話取材が入り始めた。インターネット上に徐々にニュースが広がっていく。


こうして私は、三浦瑠麗氏に宣戦布告をした。

三浦さんの住所がわからない

三浦瑠麗氏提訴のニュースが流れた翌日、会社に出勤すると様々な反応が寄せられた。いや正確には最も多かった反応は「関わらないようにしよう」と遠くから眺めるというものだった。誰も話しかけてこない中で、私は皆の視線を感じながら黙っていつもの席についた。

そして社内を歩いていると、時折声をかけられた。「自分を貫けばいい」という温かい言葉をもらえることもあったが、

「三浦さんに喧嘩売って大丈夫なの？」

「裁判を起こして会社にいられるの？」

という声も多かった。

「現場としては困るんだよ」とも言われた。

「お騒がせして申し訳ありません」

私はどんな言葉にも、ただお詫びした。

迷惑をかけている以上、お詫びし続けなくてはいけない。でも足を止めるつもりは、も

う全くなかった。

一方の三浦瑠麗氏の反応も、一部のスポーツ新聞で報じられた。

「訴状が届いていないので、分かりません。」

それが三浦瑠麗氏のコメントだった。

民事裁判の提訴のニュースでは、訴えられた側の「訴状をまだ受け取っていないので、コメントは控えます」という反応が報じられることがよくある。実はこれはその通りで、提訴したその日には、訴えられた被告の側に訴状は届いていないのが普通だ。訴状は裁判所が受け取った後、記入漏れやミスがないかを細かくチェックし、修正点があれば原告に修正させた後に、初めて被告側に送達される。そのため訴状の提出から、被告が訴状を受け取るまでに1週間以上空くことは珍しくないし、裁判所からの修正の指摘が多く入ると、訴状が被告のもとに届くのは提訴から1か月以上後ということもある。

この裁判でも、7月17日に提出した訴状が三浦瑠麗氏のもとに届いたのは8日後の7月25日だった。時間が空いてしまった理由は、訴状を出す時に、私があることを知らなかっためだ。

それは、三浦瑠麗氏の住所だった。

私は三浦瑠麗氏が一体どこに住んでいるか知らない。三浦氏本人がテレビ番組などで高級マンションや風光明媚な別荘に住んでいると明かしていることは聞いていたが、もちろんその住所や部屋番号までは分からない。

ところが民事裁判では訴える側（原告）が、訴える相手（被告）の住所を自分で割り出して、これを訴状に書く必要がある。裁判所がきちんと書類を被告に送ることができるように被告の住所を特定することは、原則として原告の責任だ。

しかし被告が会社や団体だったり知人であったりするならともかく、そうでない場合に相手方の自宅住所まで知っていることは珍しい。そこで私は三浦瑠麗氏の事務所「山猫総合研究所」がホームページに事務所の住所を掲載しているのを見つけて、訴状の被告住所欄に都内のビルに入居している山猫総合研究所の住所を書き「山猫総合研究所内　被告三浦瑠麗」と記載した。

ところが訴状をチェックした裁判所からは「これは三浦瑠麗氏個人の住所ではない。本当に三浦氏の住所を調べるのは無理なのかどうか、裁判所に文書で説明するように」という指示があった。そこで手元の資料をひっくり返してみたが、三浦瑠麗氏の自宅住所までは書かれていない。

この当時は、三浦氏の夫についての疑惑などがまだ広く報じられてはいない時期だった。三浦氏の夫が代表を務める会社の名前が報道されて以降は、その会社の商業登記簿から夫の住所を確認することができ、三浦氏一家の住所を特定する手掛かりを得られるようになった。ただこの頃はまだ、三浦氏の夫が携わる太陽光発電関連企業の名前を私が知ることはできなかった。

もし調べようと思うなら専門の調査員などに頼んで三浦瑠麗氏の自宅を突き止めるしかなさそうだった。実際、裁判を起こそうとしている人に向けて「相手方の住所調査を引き受けます」という広告を出している探偵事務所を目にすることもある。ただ、事務所の住所が分かっている三浦瑠麗氏について、そこまでするのは気が引けた。

そこで私は改めて裁判所に宛てて「通常手に入る資料は全て確認してみたが三浦瑠麗氏の詳細な住所までは分からなかった。一方、三浦氏は現在も山猫総合研究所を事務所として活動している。この山猫総合研究所の住所を三浦氏の住所として扱って欲しい」という上申書を提出した。裁判所も最終的にはこの上申を認めてくれ、研究所の住所に裁判書類を郵送することになり、事なきを得た。

もし山猫総合研究所の住所が分かっていなかったら、三浦瑠麗氏の自宅探しから始めなくてはならなかったかもしれない。私は民事裁判を起こすことのハードルの高さを、改めて認識させられた。

橋下綜合法律事務所の登場

ほどなくして訴状は「山猫総合研究所」の住所に送達され、無事到着した。今度は三浦瑠麗氏の側が、訴状に反論する「答弁書」を提出する番だ。

提訴から約1か月が過ぎた2019年8月19日、一通のファクシミリが届いた。答弁書だ。

ただ最初の段階の答弁書では、訴状が届いて間もないということもあり、詳細な主張までは書かないことが多い。三浦氏側から届いた答弁書もA4用紙1枚だけで、こう書かれていた。

「1　原告の請求を棄却する。
2　訴訟費用は原告の負担とする。
との判決を求める。」

そしてその他については「追って準備の上答弁する。」となっていた。


しかしこの答弁書で原告である私が初めて知ることになる事実がある。それは被告側の弁護士は誰なのか、である。

三浦瑠麗氏は一体どんな弁護士をつけてきたのか。自宅キャビネットに置かれた真っ黒いファクシミリの機械からのぞく白い答弁書をおそるおそる取り上げて、弁護士名の欄に目を凝らす。

そこには「弁護士法人　橋下綜合法律事務所」の文字があった。

これは激しい闘いになる。私はそう覚悟した。

橋下綜合法律事務所は、元大阪府知事・大阪市長で、現在はコメンテーターとして多くの番組に出演している橋下徹氏が代表を務める法律事務所だ。三浦瑠麗氏と橋下徹氏は共著の対談本を出版したり、三浦氏が大阪維新の会の政治塾で講師をしたりしていたので、その縁で橋下綜合法律事務所が担当することになったのだろうと思った。

橋下綜合法律事務所は、お笑いコンビ・爆笑問題の太田光さんが裏口入学報道で名誉を傷付けられたとして週刊誌側を訴えた裁判で、太田さんの代理人になっていた（この裁判では、週刊誌側が太田さんに440万円を支払うことを命じられ、太田さん勝訴で判決が確定した）。他にも名誉毀損訴訟で豊富な経験を誇っている。

今回の裁判を担当するのは橋下徹氏ではなく同事務所に所属する溝上宏司弁護士だったが、溝上弁護士も、橋下徹氏が光市母子殺害事件の弁護団について「懲戒請求かけてもらいたいんですよ」などと発言して弁護団側から訴えられた裁判で、第一審、第二審の一部敗訴判決を最高裁判所でひっくり返して橋下氏を逆転勝訴に導くなど、名誉毀損裁判での実績を有している。強敵であることに変わりなかった。

三浦瑠麗氏と、橋下徹氏が代表の弁護士事務所。その強力なタッグに私は一人で闘いを挑まなければならない。でももう引き返すことはできない。送られてきた答弁書を手にしながら、私は歯を食いしばって自分に気合を入れた。

２０１９年8月26日、答弁書の提出を受けて、第１回裁判期日（口頭弁論）が開かれた。場所は東京地方裁判所6階、６１５号法廷。初の期日を前に少し早めに法廷についた私は、原告席に座り、資料を机の上に揃えて背筋を伸ばした。

午前10時30分、品田幸男裁判長はじめ３名の裁判官が入廷する。地方裁判所での民事裁判には、裁判官１名で審理をする「単独事件」と、裁判官３名で話し合いながら審理をする「合議事件」とがある。複雑な事案、慎重な審理が必要な事案は「合議事件」として複数の裁判官の目で事件を見ることになっている。私と三浦氏の裁判は「合議事件」になっていた。

被告席に目をやる。この裁判では三浦瑠麗氏側の席ということになる。しかし、そこは空席だった。

実は民事裁判の第１回期日については、突然呼び出されることになる被告に配慮して、被告側は欠席してよいことになっている。この裁判でも三浦氏側は事前に答弁書だけ提出し、第１回期日は弁護士も含め欠席だった。裁判官と私だけのがらんとした法廷で手続きが進む。次回の裁判期日は10月、三浦氏側が詳しい主張書類を提出する期限は9月中と決まり、第1回裁判期日は終了した。

ひと月後の2019年9月27日、三浦氏側から最初の実質的な主張が記された書面が提出された。

「被告準備書面（1）」

本格的な論戦のはじまりだった。

被告準備書面（1）

我が国の民事裁判の審理では、誰でも傍聴できる公開の法廷の場で、傍聴人を前にして口頭で主張を述べる「口頭弁論」で議論することが原則という建前になっている。しかし実際には、膨大な裁判の主張を全て「口頭」で喋って行うとひどく時間がかかるし、聞いている裁判官も混乱してしまう。

そこで実際の裁判では、「口頭での主張を準備するための書面」という体裁で「準備書面」という書類を提出し、その書類のやり取りで民事裁判が進むのが通常だ。

その1通目である「被告準備書面（1）」には、一体どんな三浦瑠麗氏の主張が書かれているのか。私は自宅に届いたその書面をおそるおそる開いてみた。

そして途方に暮れた。

これまでに接してきた裁判書面とは何かが違う。

政治問題や社会問題についての主義・主張がちりばめられていて、裁判の文書というより評論文のように見えた。一体どう読み解いて、どこから反論したらいいのか、困惑した。


三浦氏側は書面の中で、今回のツイートの「社会的意義」を滔々《とうとう》と力説していた。

例えば三浦氏側は「そもそも何年も別居し離婚調停後、離婚訴訟係争中の人を不倫疑惑とする方が間違い。」などと述べた1回目のツイート（この裁判では「本件ツイート1」という呼び名になった）について次のように主張した。

長くなるが三浦氏側の書面の様子を感じて頂くため、そのまま引用する（以下原文ママ。なお「訴外」というのは「裁判の原告でも被告でもない第三者」という意味で、「西脇祐子」というのは村上氏の当時の本名）。

本件ツイート1は、「朝まで生テレビ」という、「著名な」「大きな政治的時事問題を取り扱い」「思想的あるいは信条的立ち位置の異なるものが多数出演して」「時に喧々諤々《けんけんがくがく》の大きな討論が展開される」討論番組において、テレビ朝日が本件週刊誌記事の存在を理由として訴外西脇祐子をその番組MCから降板させたことに対する反対の意見表明および批判である。

討論番組のMCという立場は、いわば同討論番組の「顔」であり、司会進行の次第によっては同討論の方向をも左右することが出来る立場にあるものであり、これをみだりに変更し、正当な理由なく降板させることは、討論番組における表現の自由、討論の自由に対する重大な侵害ともなり得る事態である。

また、本件週刊誌記事は後述するように訴外西脇祐子を巡る周囲の人間関係や離婚紛争の程度、深度などについて、「敢えて」不正確で不十分な事実のみを記載し、これを読んだ読者をして誤解させるような内容としてそのセンセーショナルさを煽っているが、テレビ朝日による上記訴外西脇祐子の「朝まで生テレビ」のMC降板という判断が、本件週刊誌記事の不正確さ・不十分さを見抜くことなく、不正確さ・不十分さ・センセーショナルさに影響を受けてなされたものであるとするならば、上記表現の自由・討論の自由への侵害の程度はさらに重大なものとなるといわざるを得ない。

さらに、本件週刊誌記事は上記のとおり「不正確・不十分・センセーショナル」なものであるが、そのままでは同週刊誌記事の読者はそれを理解できずに誤解をし、あるいは不十分な理解をしてしまい、上記テレビ朝日の人事措置（訴外西脇祐子を「朝まで生テレビ」のMCから降板させたこと）についても上記誤解ないし不十分な理解を前提としてこれを受け止め、同降板の妥当性・不当性などについてこれを判断する虞《おそれ》が極めて高い。

本件ツイート1は、このような本件週刊誌記事の不正確さを正し、不十分さを補うなどし、上記テレビ朝日による訴外西脇祐子の降板について、社会一般におけるその違法性・妥当性の正しい議論と判断を促す趣旨でなされたものである。

［被告準備書面（1）3ページ］

何を言わんとしているのかよく分からないという方もいらっしゃるのではないかと思う。私もその一人だ。読み終えた私の頭にはたくさんの「？」が浮かんだ。

三浦瑠麗氏側の主張には繰り返し「三浦さんがなぜこのツイートをしたいと思ったのか」という三浦瑠麗氏の気持ちは切々と書かれている。しかし「なぜ、プライバシーを世間に公開するツイートという方法をとる必要があったのか」ということの裁判のポイントについては、はっきりしなかった。

三浦氏側の主張の中心は法律的には「プライバシーや名誉に関わるツイートをしたが、その内容を公に広く知らせる必要があり『正当な理由』があったので、違法にはならない」というものになるはずだ。プライバシー侵害等をおしてまで、離婚調停・離婚訴訟などの私生活のことがらを公にしなければいけない理由は何だったのか、その肝心の点が抜けているのではないか。

ツイートの目的として三浦氏が主張している「訴外西脇祐子をその番組MCから降板させたことに対する反対の意見表明および批判」は、テレビ朝日や週刊ポストに直接言えばいい。わざわざツイートで広く一般に言う必要はないし、ましてや離婚調停・離婚訴訟といった本来世間に晒されてはいけないプライバシーを公表する必要性などないはずだ。そうした疑問に対する答えは、被告準備書面（1）にはなかった。

さらに三浦瑠麗氏側の主張を細かく見ていくと、様々なことが目についた。

・三浦氏側は、村上祐子氏が「朝まで生テレビ！」の「顔」であり「討論の方向をも左右することが出来る立場」と主張しているが、村上氏は番組進行の担当で、討論には参加していない。「朝まで生テレビ！」の「顔」として討論の方向を左右しているのはおそらく田原総一朗氏だ。

・三浦氏側は、村上氏が番組を「降板」になったと批判しているが、一時的に「出演見合わせ」になっただけで「降板」にはなっていない（現に週刊誌報道後2か月で番組に復帰した）。

・三浦氏は、村上氏の出演見合わせを「テレビ朝日による表現の自由の侵害」だと主張するが、週刊誌報道を受けて出演見合わせとなっただけで、村上氏の発言内容を問題視してその発言を封じたわけではなく「表現の自由の侵害」ではない。

・三浦氏側は週刊誌記事を「不正確・不十分・センセーショナル」と主張しているが、記事内容に事実と異なる点はない（ただしこの点の詳細については、後述する通り、この本では割愛させていただく）。

三浦氏側の主張は、前提が間違っていたり、よく考えてみると裁判とは関係ないという内容が多かった。読めば読むほど、私の頭は混乱の渦に突き落とされていった。

三浦瑠麗氏の発案なのか、相手方弁護士の癖なのか、三浦氏側の書面はこの調子で続いていた。

書面ができた過程については知る由もない。相手方弁護士は裁判の場でたびたび裁判長に、

「書面提出の前に、依頼人と打ち合わせする必要があります」

と話していたので、三浦瑠麗氏と弁護士の共同作業で作られた書面なのだろう。しかしその内容の多くは「離婚についてのプライバシーを敢えて公表する必要はあったのか」「婚姻関係が破綻しているなどと断言できる根拠はあったのか」というこの裁判のポイントから外れていると感じた。

これは一体、どこから手をつけて反論していけばいいのか。

私は書面を読みながら、頭がくらくらしてきた。しかし裁判書類である以上、目を逸ら

すわけにはいかない。どんな主張が書かれていようともそのひとつひとつを直視して反論を考えなければならない。

三浦氏側の主張を一行読むごとに、私の心に引っ掻き傷ができていく。一段落を読み終える頃には傷だらけになって、ずきんずきんと痛みが響く。もう本当に、読むのをやめたくなる。でも読まなければならない。逃げられない。夜の自室で独り三浦瑠麗氏側の準備書面と向き合う時間は、まるで終わりのない拷問に晒されているように感じられた。

それでも準備書面からは容赦なく石礫《せきれき》が飛んでくる。三浦瑠麗氏側は、ツイートについてこうも語っていた。

社会への問題提起をその趣旨とするものであり、これとは別に訴外西脇祐子の夫婦問題などという卑近な個人的問題についての意見を述べたものではない

［被告準備書面（1）　13ページ］

卑近な個人的問題――。

三浦瑠麗氏がツイートで述べた「そもそも何年も別居し離婚調停後、離婚訴訟係争中」

「村上さんの相手が破綻事由でない」といった内容は、「夫婦問題という個人的問題」そのものではないか。それがなぜ晒されなくてはならないのか。私達夫婦の問題は「卑近」だから晒されてもよいのか。三浦瑠麗氏のツイートこそ、私達の「夫婦問題などという卑近な個人的問題」に土足で踏み込んできたものではないのか。

三浦瑠麗氏側の言葉は鋭く爪を立て、私の心の中で血が滲《にじ》んでいた。

なおここで一点お断りをしておく。

三浦氏側は準備書面で、村上氏と男性記者の交際は「不貞行為」ではない、「不倫」ではない、という主張もしていた。

このため裁判では、今回のケースは「不倫」なのかという「不倫論争」が始まり、村上氏と男性記者がいつから交際を始めていたのかなどの事実関係が争われ、関連する証拠が提出される展開になった。

ただこの論争の詳細については関係者に配慮したいし、判決もこの点には立ち入らない方法で結論を出したので、この本では割愛させていただくことにした。ご理解いただきたい。

反論

三浦氏側の「被告準備書面（1）」に対して、今度は私が原告の反論書面として「原告準備書面」を提出しなければならない。私は三浦氏側の主張への反論を文章にまとめていった。

その中でも三浦瑠麗氏が繰り返していた「このツイートは社会への問題提起であって、夫婦関係という『卑近な個人的問題』について述べたものではない」という主張にどう反論していくか、考えた。

そして思い出したのは「朝まで生テレビ！」での三浦瑠麗氏の発言だった。

最初のツイートから3日後の2019年4月26日深夜、三浦瑠麗氏は「朝まで生テレビ！」に生出演した。この日のテーマは「激論！〝令和時代〟の天皇と日本」。平成から令和に元号が変わる直前の放送で、天皇制についての討論が行われた。討論の司会はいつも通り田原総一朗氏で、パネリストは宇都宮健児氏（弁護士）、荻原博子氏（経済ジャーナリスト）、笠原英彦氏（慶應義塾大学教授）、高森明勅氏（国学院大学講師）、竹田恒泰氏

（作家、明治天皇玄孫）、津田大介氏（ジャーナリスト、メディア・アクティビスト）、古市憲寿氏（作家、社会学者）、水口義朗氏（文芸評論家）、八木秀次氏（麗澤大学教授）、そして国際政治学者として三浦瑠麗氏も出演していた（肩書はいずれも出演当時）。

この放送回から村上祐子氏は出演見合わせとなり、代わって他のアナウンサーが番組進行を務めていた。

番組では各パネリストが皇室のあり方について持論を戦わせた。その中で高森明勅氏が天皇家の子育てについて発言した。

すると三浦瑠麗氏は「そこが私ちょっとだけ、高森さんとも笠原さんとも違うところで」と議論に入ってきて、主張を始めた。

「皆さんの思い描きからおっしゃってるのは分かるんです。つまり雅子様らしい家庭のあり方とか、でも今の時代ですよ、やっぱり色んな生き方があって、理想の家族像なんてものは一つに定まらないんですね」

そして雅子様のご家庭について話をした後、こう切り出した。

「それを考えたときにね、もうちょっと、議論の質を変えるべきじゃないですか？」

これに対して田原総一朗氏が「どういう風に？」と質問する。すると三浦瑠麗氏は堰《せき》を切ったようにこう話し始めた。

「例えばですよ、まあ、あんまり皆さんおっしゃって、言って欲しくないという風に思われるかもしれませんけどね、今回『朝まで生テレビ！』の司会の村上祐子さんが出なかったじゃないですか。

これは本当にね、ひどい週刊誌報道の事実誤認の記事が出たからで、実際週刊ポストという雑誌は撤回したようですけれども、だけれども、この事なかれ主義、テレビ朝日の方針はテレビ朝日本体がお決めになったらいいと思います。

でも私はね、時代が変わってきてると思うんです。

つまり二親がそろっている子供ばかりじゃない。人間には離婚するときもあるし、新しく再スタートを切るときもある。子供が、親、父親の違う子供が、例えばいるような家庭もある。

こういう風なね、あり方というのをそれに、その、理想型にはまらないものを視界から見えないようにね、除外していくっていう社会は、私は本当に間違っていると思うし。もはやね、これは民衆のね、支持を得られないですよ」

途中田原氏の言葉をはさみながら、三浦瑠麗氏の発言が続く。

「だから別に村上さんをね、これ1回目？　普通に週刊誌報道出たっていうので、事なかれ主義をとるのは構わないけれども、次、復帰させますよね？　でこれ、一回失敗した、別に不法行為でも何でもないけど、一回失敗した人、再チャレンジ、与えるわけですよね？」

これに対して田原総一朗氏は「僕は局の上層部にとにかくなるべく早く復帰をさせるようにと言ってます」と答えた。スタジオの他の出演者は黙り込み、「ちょっとそれ、関係な……」という男性の声が聞こえる。そして番組は他の話題へと移っていった。

この一連の三浦瑠麗氏の発言は、討論テーマの「〝令和時代〟の天皇と日本」とも関係しないし、雅子様の子育てとも関係ない。週刊ポストが記事を撤回したという話も聞いたことはない。「もはやね、これは民衆のね、支持を得られないですよ」という三浦氏の発言にしても、天皇家への「民衆の支持」と村上祐子氏の出演に何の関係があるのか全く分からない。

この番組での三浦瑠麗氏は、天皇ご一家に関する話にこじつけて、仲良くしている村上祐子氏を番組に復帰させるという個人的な目的のために発言しているようにしか思えなかった。

こうした「朝まで生テレビ！」での三浦瑠麗氏の論法は、この裁判で三浦氏が離婚調停や離婚訴訟というプライバシーに関するツイートを「社会への問題提起」だと強弁している姿と共通して見えた。

とするならば、天皇ご一家に関する話にこじつけて個人的な友人である村上祐子氏を「次、復帰させますよね？」「一回失敗した人、再チャレンジ、与えるわけですよね？」と庇って番組に復帰させようとした「朝まで生テレビ！」での三浦氏の発言や態度は、その直前になされた本件のツイートも同じように「社会への問題提起」はこじつけで、本当の目的は個人的な友人を庇うという私的なものだったことを明らかにする証拠になるのではないか。私はそう考えた。

そこでこの「朝まで生テレビ！」の書き起こしを証拠提出し、「ツイートの3日後の番組での発言や態度を見れば、本件ツイートも同じように友人を個人的に庇うためのもので、その本当の目的が社会的、公共的なものとは考えられない」と主張することにした。「社会への問題提起」という三浦氏の主張が後付けの言い訳に過ぎないことを証拠を突き付けて明らかにしようと、深夜の自室でパソコンに向かい、「原告準備書面（1）」を書き上げた。

メディアで活躍しているから

三浦氏側と私が互いに書類を提出した後、第2回の裁判期日（口頭弁論）が行われた。今回は被告の三浦氏側も出席しなければならない。

２０１９年10月７日午後２時20分、東京地方裁判所６１５号法廷に三浦瑠麗氏側の弁護士が初めて現れた。橋下綜合法律事務所の溝上宏司弁護士だ。

濃紺のスーツに身を包んだ溝上弁護士は、落ち着いた物腰だが眼光は鋭い。大部の資料を持って大阪から東京地方裁判所へと乗り込んできていた。私は強敵を目の前に、改めて激戦を覚悟した。

裁判官が入廷し、今後の裁判の進行について打ち合わせが始まる。溝上弁護士からは「書類の提出にあたっては三浦瑠麗氏との綿密な打ち合わせが必要なので、ある程度時間の余裕が欲しい」という要望があった。三浦瑠麗氏と相手方弁護士、二人のタッグを敵に回さなければならない。私は覚悟を新たにした。

その後、三浦氏側の次の反論書面の提出期限を２０１９年11月にすること、次回以降の裁判手続きは法廷ではなく裁判所の会議室での非公開の打ち合わせ（弁論準備手続）という形式にすることを決めて、この日の裁判期日は終了した。

三浦氏側の次のアクションはその約１か月後の２０１９年11月18日だった。三浦氏側から新たな反論書面である「被告準備書面（２）」が私の手元に送られてくる。そこでは多岐にわたる主張がされていった。そして裁判の議論は拡散していった。

まずこの「被告準備書面（2）」で三浦氏側が本格的に展開したのが、

「このツイートは村上祐子氏の『同意』によるものだ」

という主張だった。

といっても三浦氏側は「村上氏が言葉に出して、はっきりとツイートに同意した」と主張したわけではない。

三浦瑠麗氏は、私達夫婦の離婚調停・離婚訴訟などについて知ったのは、、村上氏から相談を受けたためだと説明していた。そして三浦氏側は準備書面の中で、三浦氏が村上氏から相談を受けた時、言葉に出してはっきり「離婚等の相談内容をツイッターで公表していい」と許可されたことはなかったと認めていた。

その上で三浦氏は、村上氏側は「言葉に出さずとも、心の中では」相談内容が三浦氏によってツイートされ、公表されることに同意していた（法律用語で言う「黙示の同意」があった）という主張をしたのだった。

この主張への私からの法律上の反論は「私のプライバシーについての裁判なので、村上氏が同意したかどうかは関係ない。私の同意がない以上、プライバシー侵害だ」という一言に尽きる。

しかしそれ以前に、そもそも三浦瑠麗氏側は一体何を根拠に、村上氏が「言葉に出さずとも、心の中では」ツイートに同意していたと主張しているのだろうか。理由がよく分からずに三浦氏側の書面を読み進めていくと、次のように書かれていた。

被告（注：三浦瑠麗氏のこと）が主張していることは、訴外西脇祐子が特段「口外禁止」などの制約を付することなく本件ツイートに係る事実を相談して伝達したということは、被告がメディアなどで活躍し、頻繁に時事問題などにコメントを発していることと併せて考えれば（なお、このことは訴外西脇祐子においても既知のことである）、その後これを被告独自の判断の下、被告がこれに対して独自の意見論評を述べ、その前提として訴外西脇祐子が告げた事実について一定程度紹介されることについても「黙示の同意」があったものと認められるということである。

［被告準備書面（2）4ページ］

つまり三浦瑠麗氏側は「私はメディアなどで活躍し、時事問題などにコメントを発しているコメンテーターなのだから、私のところに離婚問題などについて相談しに来た以上、相談内容を私に公表されてコメントされることは分かっていて、心の中では同意していたはずだ」という主張をしていたのだった。

でも、そんなことがあるだろうか。

「テレビに出ている人やコメンテーターに人生相談をしたのだから、その相談内容がテレビやメディアで公表されても仕方ないと思っていたはずだ」という三浦氏の主張はあまりに乱暴だった。有名人に人生相談した人は皆、相談内容を勝手に公表されることについて同意していると、なぜ決めつけられるのか。

この三浦氏側の主張はあまりに不合理だという反論を、原告側準備書面で行った。

私はこの主張に、三浦瑠麗氏の考え方の一端を垣間見たような気がした。

不倫の男女差

さらに三浦氏側の主張には、本来のテーマから脱線しているように思えるものも増えてきた。

三浦瑠麗氏は当初から、本件ツイートの目的は「女性の問題」「男女同権」のためだと主張していた。最初の被告準備書面にはこのように書かれている。

現代日本における女性一般に対する旧時代的な制約と女性の再スタートを妨げる事象の象徴的なものであるとの思いから、これに一石を投じて議論を提示したものである。

［被告準備書面（1）6ページ］

現代社会における婚姻関係及びそれに付随する諸問題における男女の取り扱われ様の違いについてこれを公に問題提起し、今後の社会の健全な発展に資するための問題提起を行うという目的でもって行われたものであり、その目的が正当な目的によるものであることは疑う余地がない。

［被告準備書面（1）7ページ］

男女同権及びこれからの婚姻関係論を論ずるにあたって、意見を述べ、議論を提起することについて「正当性がない」などということはあり得ない。

［被告準備書面（1）16ページ］

三浦瑠麗氏側はそう声高に訴えていた。

しかし今回問題になっているのは私達夫婦についての「離婚調停、離婚訴訟、婚姻関係の破綻、その原因が不貞関係のせいかどうか」というプライバシーを公表することが適切だったかどうか、という話だ。離婚や破綻についてのツイートが、一体どうして「男女同権」と関係あるのだろう。「女性一般に対する旧時代的な制約」や、「男女の取り扱われ様の違い」や「男女同権」は、私達夫婦のプライバシーを公表することとは関係ないように思えた。

そこで私が準備書面でそうした疑問を示したところ、三浦氏側は新しい準備書面で「現代社会における男女の取り扱われ様の違い」について具体的な主張を始めた。次のような主張だった。

不貞行為があった場合に（中略）現実問題として社会から女性に対してはより強い

非難が向けられる反面、男性に対しては非難の程度は弱いということは社会通念上一般に認められるものであるといえる。
このことは、近年社会においてなされた著名人の不貞行為に関する報道やこれに対する社会の反応を見れば明らかである。
〔被告準備書面（2）5ページ〕

要するに三浦瑠麗氏側の主張は「最近の有名人の不倫報道では不倫した男性はそれほど非難されないのに、女性は強く非難されている。今回のツイートには、こうした『男女の取り扱われ様の違い』に抗議する目的もある」というもののようだった。

それを読んだ私の正直な感想は「それって、この裁判と関係ありますか？」だった。私のプライバシーを敢えて公表する必要性があるかという議論から、どんどん話がずれていると感じた。

この三浦氏の主張に対する私の反論書面では、もちろん冒頭に「その話は裁判のテーマと関係ない」と指摘した。ただ、そうはいっても三浦氏側が主張してきている以上、この「不倫に関する男女の取り扱われ様の違い」というテーマについても、反論しておかなければならない。
そこで私は「三浦氏が問題としている週刊ポストの村上氏に関する記事は、別に『女性の不倫だから』という理由で糾弾した内容ではない」「そもそも不倫の報道の扱いの大きさはその人物のネームバリューの違いなどで決まるもので、男性か女性かで変わるものではない」という反論を短く書いておいた。
しかし三浦瑠麗氏側は、次の準備書面でもこの話にこだわり続けた。

一点明確にしておくが、現代社会における著名人の「不倫」「不倫疑惑」その他類する報道において、男女差がみられることは原告の表現を借りればそれこそ動かしがたい事実である。

ここではその一例として乙3を提示する。

〔被告準備書面（3）5ページ〕

三浦氏側は不倫報道の男女の違いについて「乙3号証」という証拠を提出するという。一体どんな証拠があるのか。私はびっくりして、三浦氏側から送られてきた証拠書類の束を見てみた。すると「乙3号証」は「乙3号証の1」から「乙3号証の3」までの3つの証拠書類を綴じたものだった。３つの書類を確認してみる。

乙３号証の１　エキサイトニュース「芸能人の不倫報道後にある『男女格差』」

乙３号証の２　エキサイトニュース「不倫の男女格差論　〜なぜベッキーは叩かれて渡辺謙は叩かれないのか？〜【勝部元気のウェブ時評】」

乙３号証の３　アエラドット「斉藤由貴と渡辺謙、ベッキーと宮迫博之…芸能人不倫「男女」で復帰に差はなぜ？」

どれもインターネット記事だった。三浦瑠麗氏側が提出した「乙３号証の１」のエキサイトニュースの記事は、お笑い芸人の宮迫博之氏が「踊る！さんま御殿!!」で以前の不倫騒動について発言したことを報じた上で、匿名の「芸能ライター」のコメントとして次のように書かれていた。

「女性のほうはダメージが大きくて仕事を減らす傾向にあるのに対し、男性は不倫を自ら話題にして復活することが早いケースが多いです。矢口真里は謹慎期間を経て、復帰しましたが、以前と比べると露出はかなり減りました。」

「三遊亭円楽は『笑点』で不倫をいじられて受けていました。」（同・ライター）

どうやらこれが、三浦瑠麗氏側が主張する「現代社会における男女の取り扱われ様の違い」の証拠らしい。証拠として提出された他の二つのインターネット記事も、大体同じような内容だった。

何度も繰り返してしまうが、この話とプライバシー侵害の話は遠く離れていて、何の関係があるのか私には分からない。しかしこの裁判の審理では「現代社会における不倫報道に男女差があるか否か」という不思議な論争が始まっていた。

そしてこの議論をしている当時、有名女性俳優の夫である男性俳優が妻の妊娠中に映画共演者と不倫関係になりその後離婚に至るというニュースが大々的に報じられた。この不倫報道の中では男性が強く非難されていた。

なぜこうしたニュースを提出しなければならないのだろうと思いながら、三浦瑠麗氏側への反論として過去の芸能ニュースを調べ上げ、一連の男性の不倫に関する報道記事を証拠として提出した。証拠の一つにしたスポーツ新聞の記事は男性俳優の不倫について「イ

「自分」という見出しで報じ、厳しい言葉が並んでいた。私は「自分は一体何をしているんだろう」と心の中で呟きながら、記事をコピーし、証拠番号のスタンプを押し続けた。

私はその証拠を準備書面に添えて「男性有名人も不倫問題を起こした場合には厳しい批判を浴びている。その批判の大きさは、男女の違いではなく、その人の知名度の高低やこれまでのイメージ（キャラクター）とのギャップに左右されている」と反論した。そしてその末尾には「この議論は三浦氏側が不倫報道における男女差にこだわっているので、念のために論じているだけ」と明記しておく。

裁判官まで混乱して審理がどんどん脱線することがないよう、注意を払いながら議論を進めなくてはならなかった。

「――」と「……」

三浦瑠麗氏側の主張の中でも特に理解に苦しんだのは、週刊ポストの記事についての独特な解釈だった。

三浦氏側は、私達夫婦の離婚調停や離婚訴訟などのプライバシーについて、最初に公表したのは三浦瑠麗氏ではなく、村上祐子氏について報じた週刊ポストの記事だと主張した。しかし週刊ポストの記事には離婚調停や離婚訴訟などの文字はなかったはずだ。三浦氏のツイートがなされた当時の東京スポーツの記事も「週刊ポストは、村上氏とA氏（注：私のこと）は『別居中』としか報じていなかった」「三浦氏は村上氏をフォローした格好ですが、同時にA氏との間で離婚訴訟まで発展する深刻な事態に陥っていたことを明かしたともいえる」と報じていた。

これに対して三浦瑠麗氏側が持ち出してきたのは、週刊ポストの記事中にあった「――」と「……」だった。

その「――」と「……」は週刊ポストの記事の中で、村上祐子氏と男性記者が同記者の住むマンションで一夜を明かしたと報じた後、次の文章に登場していた。

2人はここで一緒に暮らしているのか。では、夫であるN氏との関係は――。

事情を知るテレ朝関係者が語る。

「政治部に異動してから間もなくして村上さんはNさんと別居し、今はA記者の家が生活拠点のようです。ただ、村上さんから離婚が成立したという話は聞いていないのですが……[※7]」

この最初の一文の末尾の「――」と最後の一文の末尾の「……」について、三浦氏側はこう主張した。

訴外西脇祐子が男性記者と同居し生活拠点を一つにしながら、『夫とのN氏との関係は――』『村上さんから成立したという話は聞いていないのですが・・・』という含みのある表現をしていることからすると、上記「――」の部分は通常の注意で読めば「すでに破綻しているか破綻間近である」と補完されるものであるし、「・・・」の部分は「法律上の離婚は成立していないがなにがしかの離婚に向けた手続きあるい

は話し合いなどは行われている」と補完されるものである
〔原文ママ、被告準備書面（2）16ページ〕

つまり「週刊ポスト記事は、記事の中の『――』と『……』によって、原告夫婦の婚姻関係の破綻や離婚手続きについても報道・公表していた。だから、三浦瑠麗氏のツイートが初めて離婚調停や離婚訴訟などを公表したわけではない」という理屈だった。

だが「――」や「……」を見て、こんなに豊かな意味づけをする読者はいないのではないか。さすがにこれはこじつけが過ぎると思った。

週刊ポスト記事の「では、夫であるN氏との関係は――。」という文章の「――」は、ここでは中身を明かさずにおくことで、その後に続く「事情を知るテレ朝関係者が語る。」という文章へと注意を惹き付けるための「読者を引っ張る演出」だ。「……」についても、目を凝らしてこれを見れば「離婚調停」や「離婚訴訟」の文字が浮かび上がってくるわけではない。

私は三浦氏側の主張は不合理だと一蹴する反論を書いた。

荒唐無稽に思える応酬は数か月にわたって続いた。年末も三が日も休息はなく、ひたすらに反論を考え続けなければならなかった。野放図に広がる戦線に、徒労感が募った。

コロナ禍

互いに主張を闘わせて裁判が進められていく中、背後には予想もしていなかった事態がひたひたと迫っていた。新型コロナウイルスの感染拡大だ。

提訴から7か月後の2020年2月、横浜に入港したクルーズ船の乗客・乗員が新型コロナウイルスに感染していることが判明、3月からは全国全ての小・中・高校に臨時休校の要請が出される。3月29日には志村けんさんが新型コロナウイルスによる肺炎で亡くなり、大きく報じられた。

そして2020年4月7日、東京・大阪など7都府県に緊急事態宣言が発出され、同月16日には緊急事態宣言は全国に拡大された。

その影響は裁判所にも及んだ。4月8日、最高裁判所が4月に予定していた裁判全ての延期を発表。東京地方裁判所でも裁判期日が次々と中止され始めた。
私の裁判も、当初は2020年5月12日に予定されていた裁判期日について、4月30日に裁判所から通知があり、取消し・延期が決定された。いつ再開されるのか目途は全く立っていなかった。

5月7日に三浦氏側から新たな「被告準備書面」が提出されたので、次は私が反論の書面を用意するというタイミングでの延期だった。コロナ禍で会社も出勤停止になっているので、自宅の机にかじりついて三浦氏側の書面を読み、ひたすらに反論を考え続ける。その分、今回の反論書面はあっという間に書き上がってしまった。ただ、提出しようにも裁判所は閉まっている。

ぽっかり時間が空いた。

それまで裁判に自分の全てを注ぎ込んでいた分、裁判が止まると何をしていいのか分からない。何のために生きていけばいいのか。この時間をどうしたらいいのか。屋外に出る

 こともままならない緊急事態宣言の帳《とばり》の中で、糸が切れて放り出された人形のようにぐったりして過ごしていた。

早くまた闘いを始めたい。そして一刻も早くこのトンネルから抜け出したい。

独りの部屋でこれまでの裁判書類を何度も何度も見直しながらじりじりしていた。動かずにいたら自分がだめになってしまいそうだった。

結局、緊急事態宣言期間がいったん終わり裁判所から裁判再開の連絡が来たのは2020年7月30日だった。次回裁判期日は10月6日となった。

やっとまた始まる。私は自分のねじを巻き直し、闘いに備えた。

離婚

時をほぼ同じくして、私は村上氏との離婚訴訟にも対応することになった。離婚訴訟も他の弁護士には頼まず、自分でやった。

相手側の弁護士は「無罪請負人」の異名を持つ弘中惇一郎弁護士を筆頭に、法律事務所ヒロナカの弁護士6名だった。

弘中弁護士といえば、三浦和義氏のロス疑惑銃撃事件や村木厚子氏の厚生労働省郵便不正事件など数々の事件で無罪を勝ち取り、日産自動車のカルロス・ゴーン元会長の弁護人を務めていたことでも連日ニュースとなった、我が国で最も著名な弁護士の一人だ。「まさか離婚訴訟で弘中惇一郎弁護士と闘うことになるとは」と驚きつつ、主張の応酬をした。だが数回やり取りがあったところで裁判所から、争いをやめ和解するよう勧めがあった。私の中にはまたあの頃に戻りたいという気持ちは、もちろんある。しかし主張のやり取りをする中で、元に戻ることは現実的ではないことが分かっていた。私は離婚の和解に応じることにした。

一般論だが、離婚訴訟の和解の場合、離婚するかどうかという結論とあわせて財産関係の決着もつけることが通常だ。具体的には子供がいる場合には「養育費」、そして夫婦の財産を分ける「財産分与」も和解の際にあわせて決める。

「養育費」については裁判所のホームページに「養育費算定表」というものが公開されていて、和解の際にもこの算定表を目安に話し合いがされることが多い。金額は夫婦それぞれの収入と、子供の年齢と数に応じて決められている。例えば夫婦ともに年収400万円の会社員で14歳以下の子供が一人の場合、子供を養育しない側が養育する側に支払う養育費は「毎月2万〜4万円」とされている。この金額が適切と言えるかどうかについては様々な議論があるが、多くの調停・裁判では一律にこうした基準を使って結論が出されているのが現状だ。

一方で「財産分与」については、夫婦ごとに事情がばらばらだ。

「財産分与」とは「結婚した日から別居を始めた日までの間に増えた財産は、夫婦が協力して増やした財産とみなして、離婚のときには二等分する」という制度だ。具体的な計算は①結婚日から別居日までの間の貯金残高など財産の増減をチェックして、夫と妻それぞれが結婚期間中に財産をどれくらい増やしたのかを確認し、②二人の財産の増加額を足して2で割って、③これとの差額を、財産を多く増やした方が少なかった方に払うということになる。収入の多い方が少ない方に払うケースが一般的だが、あくまで基準は増えた「財産」の額なので、例えば「収入はたくさんあったけど、全部使ってしまって貯金も財産もないです」という人は、こつこつ貯金していた側から財産を分けてもらえることになる。

「財産分与」の金額は、夫婦の財産の差が大きいと、かなりまとまった金額となる。夫婦の片方に不貞行為などの問題があった場合にはその慰謝料の分も含めてまとめて清算することが多いが、既に書いた通り日本の裁判では精神的損害についての慰謝料の金額は僅かだ。そのため慰謝料をもらえる立場であっても、財産分与の金額の方がずっと大きくて、逆に相手にお金を払うことになるケースも少なくない。

私達に子供はいなかったので、和解の場では離婚とあわせて財産分与等を話し合うことになる。和解の内容についてはご説明を控えさせていただく。ただ私は自分の気持ちを封じて、協議を進めなければならなかった。

1回目の新型コロナウイルス感染症緊急事態宣言が解除されて間もない2020年6月、私達夫婦は和解を成立させ、離婚した。

マイホームの売却

裁判所で離婚の和解が成立すると、私はその足で自宅近くの不動産会社に直行した。マイホームを売却するためだった。

二人で選んだ2LDKのマンションは独りで暮らすには広すぎた。妻がいなくなった部屋に家財道具はほとんど残っておらず、あったのは大きな観葉植物が一つとキングサイズのベッドくらいだった。無意味に広がる空間は寒々しいだけで、残されたベッドの上では余計なことしか頭に浮かばず目は冴えたままだった。少しうとうとしてもすぐはっと目が覚めてしまう。

結局別居後はリビングルームに必要なものを集め、他の部屋には立ち入らなくなっていた。ベッドの代わりにフローリングの床に薄いタオルケットを敷いて寝る。床は固くて冷たく身体が痛くなるが、そうでなければ眠れなかった。

こんな抜け殻のような場所で暮らしていたらどうにかなってしまう。そう思った私は、部屋を売ることにした。値段はどうでもいいので早く手放したかった。

ただ、私がマイホームを売ろうとした2020年夏はコロナ禍の緊急事態宣言明け直後の時期で、不動産会社の担当者は「この時期に買いたいという人がいるか、私達にも全く分からないんです」と言っていた。確かにコロナ禍がこの先どうなるのか分からず、誰もが手探りの時期だった。それでも私は「いくらでもいいので、とにかく早く売りたいんです」と言ってお願いした。

蓋を開けてみると、緊急事態宣言明けの不動産市場は活況だった。内覧の希望が次々と寄せられた。

「中古マンションの場合、周囲の住環境とかを聞きたがる買主さんも多いので、内覧には売主さんも立ち会ってください」

担当者からそう言われ、私も内覧に毎回立ち会うことになった。会社が休みの毎週土日、午前10時から午後5時まで、30分おきに内覧希望者が我が家を訪れた。結婚して間もない夫婦、外国の方、独身男性、ご高齢のご夫婦。いろいろな人がやってきては、空っぽになった我が家の中を見て回る。

ある昼下がり、4歳くらいの小さな女の子を連れたご夫婦がいらした。鮮やかな緑色のワンピース姿の女の子が、真ん中にある5畳の部屋を見て「ここ私のへや！」と言っている。お父さんとお母さんが「ここがいいの？」と笑っている。部屋の窓からは午後の光が優しく射しこんでいて、女の子が部屋を駆け巡っている。そのご家族を見て思った。

ああ、本当だったら自分達がこの部屋で、こんな話をしていたはずだったのに。

自分の肩が震えているのに気付いた。

あっ、内覧のお客さんに見られちゃいけない。急いで顔を伏せる。

「ちょっと、電話が入っちゃったので」

嘘をついて私は玄関の外に出た。奥歯を噛み締めてみたが、涙を止めることはできなかった。


その翌週、マンションの買い手が決まった。2020年秋に明け渡すことになり、私は職場近くに20平方メートルのワンルームマンションを借りて、僅かに残った荷物をまとめて引っ越した。小さなベッドとライティングデスクと本棚を置けば、部屋はもう一杯だった。ここでは裁判の書類を作ることと、寝ることしかできない。それでよかった。そうすることに決めた。

別世界

一方、三浦瑠麗氏はこの時期次々と政府の重要な会議にメンバーとして抜擢されていた。

2020年6月
内閣府特命担当大臣（経済財政政策）主宰「国際政治経済懇談会」委員
2020年7月
内閣総理大臣主宰「未来投資会議」議員
2020年10月
内閣官房長官主宰「成長戦略会議」議員

メディアへの露出も活発になり、ニュースや討論番組だけでなく、バラエティー番組にも活動の幅を広げていた。テレビ番組やソーシャルメディアではその私生活の暮らしぶりも積極的に発信していた。

きらびやかな日々。軽井沢に建つ別荘。見てはいけないと思いつつも、やはり気になってしまう。瀟洒《しょうしゃ》なログハウスの別荘には光が射しこみ、広大な庭に茂る木々にはブランコが吊るされている。東京と軽井沢の二つの拠点を持ち、生活を切り替えているとも紹介されている。様々な物が満ち溢れている。

四方から壁が迫っている自分の部屋と比べると、遠い、別の世界だった。

なぜ、こんなに違うんだろう。

こんな世界を相手に、わたしが闘い抜くことなんてできるのだろうか。

何もない独りぼっちの自分など、簡単に捻り潰されてしまう気がした。

薄暗い部屋の壁に反射するテレビの灯りを見ながら気持ちがざわめいていた。

「原告は、サラリーマンにすぎない」

裁判は議論が進み、審理の焦点は二つに集約されてきたと私は考えた。

そのうちの一つは、既にご説明した「このツイートにはプライバシーを公表しても許される正当な理由があるかどうか」だった。この点については私は当初から「三浦氏のツイートは友人である村上祐子氏を個人的に庇う目的のもので、ツイートの動機が社会的、公共的な目的とは考えられない。プライバシーを公表しても許されるような正当な理由はない」という主張をしていた。私はその主張は認められると思っていた。

一方で、この裁判にはもう一つ越えなければならない関門があった。それは「このツイートには原告の名前は出していない。だからツイートの読者にはこれが原告の夫婦の話とは分からないはずだ」という三浦瑠麗氏側の主張だった。

原告である私（西脇亨輔）の知名度は低く、村上祐子氏と私が夫婦だと知っている人などいない。だから村上祐子氏の名前しか書かれていないこのツイートを読んでも、その夫が私のことだと分かる読者はいない。

それが三浦氏側の主張の骨格だった。三浦氏側の主張の狙いは、私の「知名度の低さ」だった。

三浦瑠麗氏側は準備書面でこう主張した。

郵便はがき

お手数ですが、
切手を
おはりください。

1510051

東京都渋谷区千駄ヶ谷4-9-7

(株)幻冬舎

書籍編集部宛

ご住所　〒

都・道
府・県

フリガナ
お名前

メール

インターネットでも回答を受け付けております
https://www.gentosha.co.jp/e/

裏面のご感想を広告等、書籍のPRに使わせていただく場合がございます。

幻冬舎より、著者に関する新しいお知らせ・小社および関連会社、広告主からのご案内を送付することがあります。不要の場合は右の欄にレ印をご記入ください。

不要 □

本書をお買い上げいただき、誠にありがとうございました。
質問にお答えいただけたら幸いです。

◎ご購入いただいた本のタイトルをご記入ください。

『　　　　　　　　　　　　　　　　　　　　　　　　』

★著者へのメッセージ、または本書のご感想をお書きください。

●本書をお求めになった動機は？

①著者が好きだから　②タイトルにひかれて　③テーマにひかれて
④カバーにひかれて　⑤帯のコピーにひかれて　⑥新聞で見て
⑦インターネットで知って　⑧売れてるから／話題だから
⑨役に立ちそうだから

生年月日	西暦　　年　　月　　日（　　歳）			男・女
ご職業	①学生	②教員・研究職	③公務員	④農林漁業
	⑤専門・技術職	⑥自由業	⑦自営業	⑧会社役員
	⑨会社員	⑩専業主夫・主婦	⑪パート・アルバイト	
	⑫無職	⑬その他（　　　　　　　　）		

ご記入いただきました個人情報については、許可なく他の目的で使用することはありません。ご協力ありがとうございました。

そもそも、現在もアナウンサーとして精力的に活動し、著名な討論番組である「朝まで生テレビ」のMCを務めている訴外西脇祐子とは異なり、原告は過去アナウンサーとして活動していた時期はあったとはいえ、現在はテレビ朝日法務部所属の一会社員に過ぎないのであり、原告それ自身にネームバリューや社会的注目があるというわけではない。

〔被告準備書面（1）4ページ〕

三浦氏側は後に、名誉毀損の議論の中でもこう主張した。

原告は元アナウンサー職にあった者ではあるものの、現在はテレビ朝日内において法務部員として勤務するサラリーマンにすぎない者であって「円満な夫婦関係を維持継続していること」と原告の社会的評価との間には特段の関連性はない。

〔被告準備書面（8）3ページ〕

「現在はテレビ朝日法務部所属の一会社員に過ぎない」
「サラリーマンにすぎない者」

そうか。アナウンサーでなくなると、サラリーマンにすぎないのか。

アナウンサー時代と今

元アナウンサーだが、現在はサラリーマンにすぎない者。

三浦瑠麗氏側の言葉は、私の脳裏にアナウンサー時代の日々を蘇らせた。

1995年に入社し、新人アナウンサーとして最初に出演したのは深夜のバラエティー番組だった。レギュラー出演者は加賀まりこさん、出川哲朗さん、よゐこのお二人、千秋さん。錚々たる方々の中にいきなり放り込まれた私は、メジャーリーグの試合会場に紛れ込んだボールに触れたこともない子供と同じで、才能の塊の皆さんの凄みを前にただ目を見張って立ち尽くしていた。

その後、水前寺清子さんが司会をされていたお昼のワイドショー「ワイド！スクランブル」や早朝のニュース番組を担当した。

そして入社4年目の1998年、部長に呼び出され、新しい担当番組を告げられた。

君には秋から、「ニュースステーション」を担当してもらう。

テレビ朝日の看板番組だ。自分が憧れて、テレビ局を受験するきっかけになった番組でもある。アナウンサーとして大きなチャンスだ。当然胸が高鳴った。さあ、何を担当するんだろう。スタートまでにどんな勉強をしておこう。

しかし配属が近づいても一向に番組で何をやるのかが分からない。配属初日、おそるおそる番組スタッフルームに行ってみると、番組スタッフの側も私が何をしに来たのかよく分かっていないようだった。私はアナウンサーとして何か出番が用意されていたわけではなく、番組スタッフの仕事も含めてその日その日何かできることがあればやる、という不思議なポジションでの配属だった。

といってもディレクター経験は全くなかったため、できる仕事も限られている。初日はインタビューを収録したビデオテープの書き起こしをひたすら作り続けた。そして周囲に教わりながら字幕（テロップ）の発注やロケの下準備などの作業を覚えていく。「これまで出演するだけだったけれど、本当は番組ってこうやってできていたんだ」と気づいた。

徐々に下準備の仕事を覚え始めると、番組の中身についてのお手伝いもさせてもらえるようになった。

最初は番組のオープニングの映像の作成だった。当時のニュースステーションは番組冒頭の20秒間、ボーカルグループ「ゴスペラーズ」のオープニング曲に合わせてその日の季節の話題を映像と字幕だけで伝え、これが終わるとスタジオが映り番組本編が始まる、という流れだった。その20秒間のオープニング映像をカメラマンらと一緒に撮影に行き、編集して完成させる。一連の作業を一人でやることになった。

その日は年末ジャンボ宝くじ発売の様子をオープニング映像にすることになった。撮影許可を取り、有名な宝くじ売り場「西銀座チャンスセンター　1番窓口」に向かった。撮影は順調に完了して会社に戻り、撮影した映像を20秒に編集する。できた。あとは字幕の作成を残すのみだ。「年末ジャンボ宝くじ発売日」という最初の字幕は決まっているので、何かそれに続くもう一言を考えればいい。その時点で午後2時。午後10時の放送を前に早くも仕事は終わったも同然と思った。

私は最後の字幕に「今年は1等前後賞で1億5０００万円」と書いて、番組の演出責任者に提出しチェックしてもらった。

「面白くない」

一言で却下された。えっ、宝くじ発売日について面白い字幕と言われても……。一生懸命考えて「今年も大行列」とか「皆、祈りの表情を浮かべている」とかいろいろ書いてみるが、何回出しても却下される。10回、20回と却下が続く。

字幕の案が通ったのは間もなく40回目になろうというところだった。

「夢は最大3時間待ち」

宝くじ売り場に再度電話して待ち時間を聞いて作った字幕でようやくＯＫが出た。今思えば合格のハードルを相当下げてくれたのだろう。

時刻は午後9時。最初の案を出してから7時間が過ぎていた。そんな汗の結晶のひとつひとつを積み重ねて一つの番組ができていることを、改めて実感した。

その後徐々に現場中継やリポートで自分がテレビに映る側の仕事もさせてもらうようになった。２００２年には「ニューステーション」から「やじうまプラス」という朝の情報番組のコーナー担当のアナウンサーに異動になったが、その後も番組を作る作業に関わり続けた。

２００６年の結婚を機に２００７年にアナウンス部から法務部に異動すると、今度は裏側を支える仕事に専念することになった。放送の中でのふとした一言や字幕の一枚が大きな問題になることもある。週刊ポストの報道があった直後にふらふらになりながらお詫びに伺った事案もそうしたトラブルの一つだった。トラブル対応をしながら、今まで自分が放送でしてきたことを蒼ざめながら思い返すことも多々あった。きっと自分もこれまで多くの方々に迷惑をかけてきたに違いない。

表に見える華々しさを支えるためには、その裏で数多くの人達が膨大な時間と汗と人生を注ぎ込んでいる。自分も今、裏を支える一人としてお詫びの頭を下げて回っている。

「過去アナウンサーとして活動していた時期はあったとはいえ、現在はテレビ朝日法務部所属の一会社員に過ぎない」

確かに三浦瑠麗氏側の言う通りかもしれない。

アナウンサー時代に目の前で見た輝きは忘れることができない。戻りたくないといえば嘘だ。放送中の高揚感と放送後の痺れるような疲れはもう一回、もう一回と次を求め続ける。スタジオの眩《まばゆ》い光に包まれてマイクを胸につけると、自分が特別な存在に感じられる。アナウンサーでなくなることは、自分が特別でなくなることのように感じられる。

アナウンサーでなくなった自分は、ちっぽけで取るに足らない存在になってしまったのかもしれない。


そう思いかけて、でも思った。

元々自分が特別でなかったことを、自分はこれまでの年月で知ったはずだ。多くの人達に裏から持ち上げられて、たまたま光の当たる場所に置かれただけだった。確かに光を浴び続ける資質がある人もいる。そうではなかった私のような人もいる。でも表の人も、裏の人も、皆がそれぞれ懸命に目の前の仕事に取り組んで一つの番組ができ、一つの会社が動き、そして社会が出来上がっている。

そこには「一会社員に過ぎない」と呼ばれるべき人も、「サラリーマンにすぎない」と蔑まれるべき人も、いないはずだ。

負け犬の遠吠えなのだろう。三浦瑠麗氏には負け惜しみにしか見えないかもしれない。それでも自分が今の自分を貶めないために、闘わなければならない。そして何としてでも勝利を摑まなければならない。

過去を思い起こしながらそう決心した。

畳みかける攻撃

「一会社員に過ぎない」人間であろうとも、「ネームバリューや社会的注目」がない人間であろうとも、その人のプライバシーを侵害することは許されない。私はそのことを裁判で主張し、さらに証拠を示さなければならなかった。

まずそもそも、プライバシー侵害は有名人にしか成立しないというものではない。その人のプライバシーが明かされたと気づく人が家族や職場の同僚など限られた人だけだったとしても、他の人にプライバシーを知られたのであれば、プライバシー侵害が成立するというのがこれまでの判例だ。有名人や有力者ではなく一会社員に過ぎない人間であれば、そのプライバシーは侵害しても構わないという法はない。

一方で、より多くに知られている人の方がプライバシー侵害の深刻さが増すのは事実だ。その方が違法行為だと認められやすくなったり、慰謝料の金額が増えたりする。

そこで三浦瑠麗氏側は「テレビ朝日の職場内も含めて、村上氏と原告が夫婦だと知っている人は大していなかった」という主張を繰り返してきた。

これに対して私からはまず、私達夫婦は職場関係者などを招待して結婚式も開いていて、少なくとも職場をはじめ周囲の人達は村上氏と私が夫婦であることを知っていると主張した。そしてその証拠として、結婚式の写真を出さなくてはならなくなった。

新郎新婦が列席者から白い花びらのフラワーシャワーを浴びて祝福されている写真は、こうして裁判所に提出されることになった。できればこんな形でこの写真を使いたくはなかった。

ところが、この「甲25号証　写真撮影報告書　写真　1」を見た三浦瑠麗氏側は、こう主張してきた。

原告が提出している甲25号証をみてすら、原告と訴外西脇祐子の結婚式に参列した人数はみるところせいぜいが20ないし30人程度であり、そのうち相当数が両名の親族であることを考慮すると、社内関係者や番組出演者で参列したものは多くとも10人程度ではないかと思慮される。

これではとても「社内関係者や番組出演者を広く招待した」などと評価できるものではない。

［被告準備書面（3）8ページ］

結婚式に出席した職場関係者が10人？

そんなことはない。だったら一軒家レストランを借り切った結婚式はしない。三浦氏側が言っている「甲25号証の写真」とは、「新郎新婦がフラワーシャワーで祝福されている場面のスナップ写真」だ。結婚式の列席者が一堂に会した集合写真ではない。その写真に写りこんでいる人だけで列席者の全員ではないことは、一目見れば分かるはずだ。

それをフラワーシャワーの写真に写りこんでいる列席者だけを数えて結婚式の出席総数を「せいぜいが20ないし30人程度」とし、そこから親族を引いたら職場関係者は「多くとも10人程度」とする計算が、一体なぜ成り立つのか。三浦氏側の主張を見て私は目を疑った。

ただ裁判で出されたものである以上、こうした主張にもひとつひとつ反論しておかなければならない。

私はクローゼットをひっくり返し、奥に保管していた結婚式の記録を引っ張り出してきた。東京・恵比寿の一軒家レストランで開いた結婚式の書類が出てきた。領収書、そして出席者の席順を書いた席次表。

２００６年11月11日に行われた結婚式の出席総数は新郎新婦を除いて１０１名、そのうち親族は夫側、妻側あわせて８名、職場以外の個人的な友人や同窓生は６名。残り87名は番組共演者や番組スタッフ、アナウンス部員などの職場関係者だった。

その思い出にも「甲30号証」というスタンプを押し、証拠として裁判所に提出した。


その上でこうした周囲の知人以外に、世間にもある程度は私達夫婦のことが知られていたという証明もできた方がいい。ただこの点については三浦氏側が主張する通り、私達は有名人というわけではなかった。その知名度はおよそ高いとは言えない。私の名前を知っている人などそうそういないだろう。知名度の低さはこちらの弱点だった。

この弱点を突くように、三浦瑠麗氏側は主張を畳みかけてくる。

訴外西脇祐子においてすら、結婚当時である平成18年ころは、数多《あまた》いる女性アナウンサーのうちの一人であるというに過ぎず、同人の結婚それ自体が大きなニュースバリューを有しているというようなものはなく、社会からの注目も高いものではなかった。

［被告準備書面（1）4〜5ページ］

社会一般において訴外西脇祐子の夫が原告であるということが広く知られているとか、公然の事実であるなどという事実は存在していない。

この点に関する原告の主張は、原告の過剰な思い込みによるものであるという外《ほか》ない。

［被告準備書面（1）5ページ］

原告と訴外西脇祐子の婚姻は、あまたあるテレビアナウンサーの結婚の一つとして、若干の報道がなされたというのが正しい理解である

［被告準備書面（3）8ページ］

どうしたらいいのか。知名度がなければ、プライバシー侵害も「過剰な思い込み」として処理されてしまうのか。どうすれば三浦瑠麗氏を論破できるか。考えろ。考え抜け。

パソコンのキーボードの上に置いた手が止まっていた。元々大したことがなかった知名度を今さら上げることはできない。ではこのまま負けるのか。会社から帰った後の深夜の部屋で、どう反論するかひたすらに考え続けた。

はっと気づいたのは、考え始めて4日目のことだった。

糸口

それまでの私は、自分のアナウンサー時代の記憶に囚われていた。アナウンサー時代でさえ高い知名度とは言えず、さらにアナウンサーではなくなったことで、元々僅かだった私を知る人の数はますます減っていった。だから三浦氏のツイートを読んでも、これが私達夫婦のことと分かる人はいない。私の知名度は右肩下がりだという三浦氏側の主張に囚われて、私の思考はがんじがらめになっていた。

しかし思いを巡らす中で視点を変えてみて、気が付いた。

必要なのは、元々の私の知名度ではない。

三浦瑠麗氏がツイートをしたその瞬間の知名度だ。

昔から私が村上氏の夫であることが有名である必要はない。必要なのは三浦瑠麗氏がツイートしたその時点でどれくらいの人が私達夫婦のこと、村上氏の夫が私であることを分かっていたかどうかだ。

そして三浦瑠麗氏のツイートの直前には、私達夫婦について報じた週刊ポストの記事があったじゃないか。


週刊ポストが不倫疑惑の記事を報じたのは、2019年4月15日。

三浦瑠麗氏が1回目のツイートをしたのは、2019年4月23日。


4月15日の週刊ポスト報道の前には私と村上氏の夫婦関係について知らない人が大半だったとしても、週刊ポストの記事が引き金になって、4月15日から23日までの8日間のうちに多くの人が「村上氏の夫が私（西脇亨輔）である」と知ったとしたらどうだろう。週刊ポストの記事で私と村上氏の夫婦に興味を持って私達夫婦について調べて知った人がいたら、その分、三浦氏のツイートを読んでそこに書かれた離婚調停や離婚訴訟等が「村上氏と私の夫婦の出来事だ」と分かる人も増えたことになるのではないか。

考えてみると、週刊ポストはかなり詳しく村上氏の夫「N氏」についても報じていた。それを見て「N氏ってだれだろう？」とインターネットなどで調べる人は多くいるのではないか。この不倫疑惑報道をきっかけにして村上氏と私の二人の夫婦関係について知る人は増え、夫婦の離婚訴訟などを公にした場合のプライバシー侵害の度合いも以前より大きなものになっていたと言えるのではないか。

今必要なのは過去の名声ではない。不倫疑惑報道にまみれた後の、今現在の自分の知名度だ。

過去の亡霊から解放され、やっと反論の糸口を見つけた。

しかし問題が残った。証拠だ。

「週刊ポスト報道の後、私達の夫婦関係を調べた人がたくさんいたに違いない」と言うだけでは、ただの私個人の想像だ。証拠がない。立証されていない。

どこかに証拠はないか。

私達の知名度について街頭アンケートをするわけにもいかない。そんなことが分かる調査結果も、記事もない。やっぱり、証拠はないのか。昼も夜も悩みながら過ごした。仕事中も頭の片隅から離れなかった。

週刊ポストの報道の後に、多くの人が私達夫婦について調べたことを明らかにする証拠はないか。

絶望がひたひたと押し寄せてくる。そんな証拠あるわけない。

世間の興味や関心が、形になったものなんて……。

何も思いつかない。どんな教科書を読んでも、どんな論文を読んでも、誰も答えを教えてくれない。


そうしているうちに、私の側の主張書面の提出期限が迫ってきた。このまま次回の裁判期日を迎えたら三浦瑠麗氏側の主張が勝ってしまう。昔はアナウンサーだったが今は忘れ去られた人間の取るに足らないプライバシーとして、私の主張が打ち捨てられてしまう。

それは、いやだ。

刻々と残り時間が削り取られていく中で、来る日も来る日も、どこにいても、考え続けた。

そして、締め切りの数日前のことだった。

閃いた。答えはすぐ近くにあった。

逆転

それはある朝、職場に出勤してすぐのことだった。

法務部の席についてパソコンを開き、前夜のメールを確認する。それを終えるといつもの習慣通り、前日のテレビ番組の視聴率表を見た。

テレビ局には毎朝、ビデオリサーチ社から前日の視聴率データが送られてくる。そこには番組ごとの視聴率にあわせて、各番組の「毎分視聴率」というものもついてくる。番組開始から終了まで1分ごとの視聴率の数字が出されていて、最も視聴率が良かった瞬間はいつか、悪かったのはいつか、このコーナーでは視聴率は上がったのか下がったのかなどを詳しく分析できるようになっている。会社のパソコン画面ではこのデータがグラフになっていて、番組に対する視聴者の方々の関心の度合いや変化が目に見える形になっている。

もしこうした「毎分視聴率グラフ」のようなものがインターネット上にもあって、ある事項をインターネットで検索したり調べたりした人数が日付ごとに分かったらどうだろう。ふと、そう思った。

そんなグラフがあれば、週刊ポスト報道があった2019年4月15日から、三浦瑠麗氏が問題のツイートをした2019年4月23日までの8日間に、私達夫婦についてインターネットで調べた人の数が判明する。その数が大きければ「私達夫婦について知っている人が元々は少なかったとしても、週刊ポスト報道の影響で、三浦氏がツイートした時点では多くの人達が村上氏の夫は原告（西脇亨輔）と知るに至っていたこと」が立証されたと言えるのではないか。

これはいいアイデアだと思った。でも、じゃあどうする？　どこにそんなグラフがある？　私や村上氏についての情報を調べるといって真っ先に頭に浮かぶのは？

この数日間袋小路に入って身動きが取れずにいた脳に、急に熱を帯びた血液が流れ込むのを感じた。回転し始めた頭で答えを探す。

あ、ウィキペディアだ。中身を完全に信じていいかは別として、何か調べるときにはとりあえずウィキペディアを見ることが多い。そしてウィキペディアの「村上祐子」の記事にも「西脇亨輔」の記事にも、各々の配偶者が誰か明記されていた。もしウィキペディアに「視聴率グラフ」のようなものがあって、私と村上氏のウィキペディアの記事の読者数の変化が分かれば、週刊ポスト報道の後、三浦瑠麗氏のツイートの前までに、私達の夫婦関係について調べて知った人が多くいたと証明できるかもしれない。

でもウィキペディアにそんなグラフはあるのか？　インターネットで調べてみる。

あった。

ウィキペディアのページビュー分析を行うウェブサイトを利用すれば、ウィキペディアの各記事について、日付ごとのページビュー数を調べることができると分かったのだ。

やってみよう。真夜中に会社から帰宅すると自室で姿勢を整え、机に向かってパソコンを立ち上げる。ページビュー分析サイトに「村上祐子」「西脇亨輔」と入力する。あとはリターンキーを押せば、二人それぞれのウィキペディア記事について、日付ごとのページビュー数が表示される。三浦瑠麗氏のツイートの前に私達夫婦のことを調べた人が一体どのくらいいたのか、目の前に出てくる。

わたしに証拠をください。

祈りながら、リターンキーを押した。
パソコンの画面にグラフが現れた。週刊ポスト報道があった「4月15日」の後、「村上祐子」と私「西脇亨輔」のウィキペディア記事のページビュー数は増えているのか。増えていないのか。
グラフを見つめた。

ページ　　　村上祐子（テレビ朝日）
ページビュー数　4月10日　63

4月11日	61
4月12日	68
4月13日	637
4月14日	1513
4月15日	15409
4月16日	3793
4月17日	3227

ページ	西脇亨輔
ページビュー数	
4月10日	48
4月11日	40
4月12日	40
4月13日	166
4月14日	528
4月15日	10179

4月16日　2180
4月17日　1758

証拠が、あった。

望んでいた、主張の裏付けとなる数字がそこに表示されていた。

「村上祐子」「西脇亨輔」、どちらのウィキペディアの記事のページビュー数も、ほぼ同じ形のグラフとなっていた。報道前は数十ページビューだったものが、週刊ポスト報道の直前からはっきり上がり始め（これは週刊ポストの記事が一般発売前に、一部マスコミに「早刷り」として配布された影響だと思う）、週刊ポストが発売された4月15日に村上氏と私の記事はどちらも1万ページビューを超え、その後の2日間も、二人とも1000を超えるページビュー数になっている。

明らかに、週刊ポストの記事をきっかけとして多数の人が村上氏と私の二人について調べていた。週刊ポストの報道を受けて村上祐子氏だけでなく、同時に夫の私「西脇亨輔」についても多くの人が検索・調査していたことが分かった。その結果、多くの人が村上氏の夫が私であることを認識したはずだ。このグラフがその証拠だ。ついに、見つけた。

さらにこのグラフを見ると、三浦氏のツイートがなされた4月23日のページビュー数が大変なことになっていた。

ページ　　　　村上祐子（テレビ朝日）
ページビュー数　4月23日　47098

ページ　　　　西脇亨輔
ページビュー数　4月23日　27137

私達の夫婦関係について離婚調停、離婚訴訟、婚姻関係破綻などと公表した三浦氏のツイートの後、ウィキペディアの村上氏と私の記事には、それまでの数字とは異次元の数の読者が押し寄せていた。この数は、三浦氏のツイートを見て興味を持ち、三浦氏のツイートに名前が挙がっている村上氏、そしてその夫である私について調べに来た人の数と考えるのが自然だ。

このウィキペディアのページビュー数によって、週刊ポスト報道をきっかけに多くの人が村上氏と私について調べ、三浦氏のツイートの前には「村上氏の夫は西脇だ」と知っていたこと、さらに三浦氏のツイートをきっかけにして、より一層多くの人が村上氏と私のことを調べ、「村上氏の夫は西脇だ」と知った可能性が高いことが立証された。

この騒動の前は私達夫婦について知っている人は大して多くなかったかもしれない。しかし週刊ポスト報道の影響で私達夫婦への興味関心が一時的に高まり、三浦氏のツイートの直前には私達について知る人が急増し、ツイートを見てさらに知る人は増えた。このツイートが村上祐子氏そして私の夫婦に関するものだと、多くの人が認識していた。その動かぬ証拠があった。

私はパソコン画面に映るページビュー数のグラフを印刷し、説明文を添えて裁判所への証拠資料を作り始めた。完成した時、窓の外では間もなく夜が明けようとしていた。これで、いける。

三浦氏側が主張する通り、私は「テレビ朝日法務部所属の一会社員に過ぎない」人間だ。「サラリーマンにすぎない」人間だ。でも守るべきものはある。

三浦瑠麗氏を倒すための最後のパズルのピースが、今埋まった。

奪われるということ

三浦瑠麗氏との裁判の間、会社での日々は粛々と過ぎていた。

三浦氏との裁判に出席しなければいけない日は休みを取り、それ以外は日中は会社、夜中は裁判の準備をする。

会社では降格されるわけでもなければ出世するわけでもない。トラブルに対応したり、社外の方々にお詫びに行ったりしながら、私はひっそりと暮らしていた。

時折空き時間ができると、弁護士会の公益活動として刑事事件の国選弁護をした。

もともと公益活動には興味があったし、裁判を闘う力をつける場にもなると思ったからだ。

もちろん刑事事件の弁護では、無罪を主張する被告人のために冤罪を晴らすという活動をすることもある。

三浦氏の裁判を闘っている間にも、第一審の裁判員裁判で無罪を主張したが認めてもらえず、志願して控訴審の国選弁護も担当させてもらってとうとう無罪になった事件もあった。外国籍の元被告人は無罪になるまでの約2年、言葉が通じない異国の拘置所の一室で裁判を闘った。2021年4月に釈放されて初めて直接握手したとき、彼は「本当に気持ちがおかしくなりそうだった」と言っていた。


しかし担当する事件の数としては、被告人自身が最初から罪を認めていて刑を軽くするための主張をする、いわゆる「情状弁護」の方が圧倒的に多い。そしてその際に重要になるのは被害者の方との示談交渉だった。

様々な傷を負われた被害者の方々と直接向き合い、示談金のお話をする。理不尽な犯行の被害に遭い身体や心に傷を負った方々の痛みはもちろんお金には代えられない。しかし示談交渉である以上、お金の話をしなければならない。しかも国選弁護は資力、財産がない被告人のための制度なので、私が国選弁護人を務める被告人も十分なお金を用意できないことが多い。

ある傷害事件では、私が被告人から預かった示談金は1万円だった。それしかお渡しできない。お話し合いに伺った被害者宅の畳張りの居間に正座して、一万円札1枚だけを手にした私も、被害者の方も、ただただうつむいていた。

そして示談金を用意できたときでも、被害に遭われた方々の傷が本当に癒される訳ではなかった。お話を伺った被害者お一人お一人が、お金などでは取り戻せない様々な想いを抱えていらした。

事件による怪我で、もう二度と趣味のマラソンができなくなった方。
ただ電車に乗るだけで被害に遭ったあの時が蘇り、身体がすくんでしまう方。
最後の蓄えだった貯金を騙し取られ、もう何も残っていない方。
大切な人や大切なものを奪われてしまった方々。

裁判所に持ち込まれる無数の事件のほとんどは新聞に載ることもテレビで報じられることもない。でも一つ一つの事件の先には、取り返しのつかない喪失や、どうしようもないやり場のなさがある。

生身の人間の痛みが、確かにある。

その哀しみを前にして私にできることは、深く頭を垂れることだけだった。

三浦瑠麗氏の陳述書

2021年夏、三浦氏との第一審裁判は終盤に差し掛かっていた。提訴した2019年7月から2年が過ぎ、原告・被告双方の主張も煮詰まってくる。

途中、裁判所からは三浦瑠麗氏と私の双方に和解を勧める「和解勧告」もあった。

民事裁判では、判決を出す前に裁判所が原告と被告に和解を勧め、互いに納得して争いをおさめることができないか確認するのが一般的だ。この裁判でも和解勧告があり、私は「三浦瑠麗氏がツイッターなど公の発信の場で今回のツイートを撤回しお詫びするなら、お金はいらないので和解に応じてもよい」と考えていた。

しかし三浦瑠麗氏側からは和解には応じられないという返答があった。公の場での謝罪はできないということのようだった。裁判は和解ではなく、判決で決着をつけることになり、裁判の最終段階として、法廷に証人を呼ぶ必要があるかどうかの検討が始まった。

我が国の民事裁判では、まず「準備書面」という書類で主張のやり取りを繰り返して、議論が熟したところで最後に必要であれば証人を法廷に呼び「証人尋問」をするという順番が通常だ。この裁判では私、村上祐子氏、そして三浦瑠麗氏の3人が証人として申請された。これを受けて裁判所が審理に必要と考えれば、証人尋問が行われる。

その判断に先立って2021年7月21日、三浦瑠麗氏本人から「陳述書」が送られてきた（乙21号証）。陳述書は三浦瑠麗氏が自分の言葉で陳述する形になっていて、そこには証人尋問が行われた場合には三浦氏が証言するであろう内容が書かれている。

自宅のライティングデスクに山積みになった裁判資料を押しのけて、その空いた場所に三浦瑠麗氏の「陳述書」を広げた。三浦瑠麗氏は何を語るのか。陳述書の言葉が、目に飛び込んでくる。

まず三浦氏は、本件ツイートの目的について次のように述べていた。

　本件記事（注：週刊ポスト記事）は村上さんにおける婚姻関係に関する事項について正しい情報を提供しておらず、かつこのような不正確・不十分な情報を前提とした報道を行うことにより、女性に対して必要以上に忍従を強《し》い、女性に対して男性に対するものと比べてより強い男女関係に関する廉潔性を求めるという、現代日本の問題点がまさに現れた記事であるといえました。これは、私が日頃から感じていた女性アナウンサーや出演者を「モノ化」して見るような世間の性差別的な眼差しを助長するものです。

そこで、私はこのような問題点について、何らの配慮も考えもないままに本件記事を掲載した週刊ポスト編集部の判断と姿勢を批判し、上記本件記事に示されている問題点について問題提起を行うために本件ツイートをしたのです。

［乙21号証　三浦瑠麗陳述書　1〜2ページ］

そして村上氏の「朝まで生テレビ！」出演見合わせを決めたテレビ朝日については概《おお》ね次のように述べていた。

テレビ朝日が本件記事を受けて、世間から批判を受けることを恐れて村上さんをMCから降板させるという方法で事態の収拾を図ったものだとテレビ朝日社内の人間から聞きました。

しかし、男性のＭＣが同様の別居後、離婚調停や離婚訴訟中に新しい交際相手を得るという状況に至った場合、それが週刊誌等で報じられても降板に至ることは稀であり、ましてや異性に危害を加えるような重大なセクハラが報じられてもなおかつＭＣを続投している事例が最近でもよく見かけられます。

本件記事を受けてテレビ朝日が村上さんをＭＣから降板させるということは、結局は本件記事により体現されている上記社会の問題点について、テレビ朝日もまた女性に対する不公正な取り扱い・忍従の強要に加担するものであり、到底是認することはできないものと考えました。

［乙21号証　三浦瑠麗陳述書　２ページ］

私が本件ツイートにより述べたかったことは上記の通り、本件記事を掲載した週刊ポスト編集部と村上さんのＭＣ降板を行ったテレビ朝日への抗議・批判であり、その背景にある現代社会における女性への不公正な世間の視線や法制度に対する問題提起なのです。

［乙21号証　三浦瑠麗陳述書　３ページ］

ツイートが社会への問題提起という主張は、これまでの準備書面のものと同じだった。しかし陳述書を読んでも「女性に対する不公正な取り扱い・忍従の強要」や女性アナウンサーの「モノ化」と、私達夫婦のプライバシーを広く世の中に公表することとの関係は分からなかった。

男性のMCが「異性に危害を加えるような重大なセクハラが報じられてもなおかつMCを続投している事例」に至っては具体的なことは全く不明だった。三浦瑠麗氏は一体どの「男性のMC」のことを言っているのか。その根拠は何なのか。陳述書には何も書かれていなかった。

「津田大介さん」「古市憲寿さんも」「池上彰さんは」

続いて三浦氏は、ツイートしたいきさつをこのように説明した。

村上さんとしては本件記事やテレビ朝日の対応には大きな不満があったようです。

村上さんはテレビ朝日の番組司会者として、社のチェックを受けずにパブリックに発信することが禁じられた状況だったため、私以外にも、池上彰さん、津田大介さんなどの親しいメディア関係者に本件記事とこれを受けたテレビ朝日の対応について相談していたと聞いています。

このうち、津田大介さんについては私の友人でもあり、村上さんが降板させられた朝まで生テレビ！の4月26日深夜の放送回で私と共演していたことから、この降板の件が不当であることについて、楽屋からスタジオに向かう間に廊下で話し合いました。同じく友人で共演者の古市憲寿さんも本件処分が不当であると感じており、会話に加わりました。三人とも、女性に対する不利益取り扱いの問題として指摘すべきだという意見を持っていました。

しかし、結果的に私のみが番組内で田原総一朗さんに、女性差別の観点から降板は不当ではないかと直談判する結果になりました。

池上彰さんは、復帰できるだろうから時機を待てという趣旨の助言を当時はしたと村上さんから聞いています。

［乙21号証　三浦瑠麗陳述書　4ページ］

池上彰氏、津田大介氏、古市憲寿氏そして田原総一朗氏。綺羅星のような著名人の名前が陳述書に並ぶ。
ただ、肝心の「離婚調停・離婚訴訟というプライバシーを公表しなければならなかった理由」については、次のような説明だった。

村上さんは、プライバシーがすでに侵害された以上は、せめて離婚訴訟中であるという事実を明らかにして週刊ポストに記事を訂正あるいは削除させたいと考えており、それによってテレビ朝日が判断を翻してくれるのではないかと願っていました。

［乙21号証　三浦瑠麗陳述書　5ページ］

しかし、もし週刊ポストやテレビ朝日に抗議して記事の訂正や番組復帰を求めたかったのであれば、各社に直接抗議や要求をすればよい。広く世間に対してプライバシーを拡散させる理由はないはずだが三浦瑠麗氏からその点についての説明はなかった。結局、三浦氏本人の陳述をみても、離婚訴訟などのプライバシーを敢えて公表しなければならなかった理由は分からないままだった。
そして三浦瑠麗氏の陳述書は最後に次のように述べていた。

本件ツイートをするにあたり、事前に、村上さんにツイートする内容の文面を見せていますが、村上さん自身が内容を確認し、これでいい、ありがとうとツイートに対するゴーサインを出しています。

村上さんからの情報提供に基づき、村上さんから承諾を得て、ツイートしたのであって、何ら違法なものではないと思います。

以上の通り、本件ツイートについて陳述します。

〔乙21号証　三浦瑠麗陳述書　5ページ〕

村上さんから承諾を得て？

三浦瑠麗氏の陳述書は、これまで三浦氏側が主張していた内容からいきなり変わっていた。既にご紹介した通り、三浦氏側はこれまで繰り返し、こう主張していた。

訴外西脇祐子からの委任があったというのであれば、それは被告が主張しているような「黙示の同意」ではなく、「明示的な同意」あるいは「明示的な委託」であるが、被告はそのような主張をしていない。

被告が主張していることは（中略）訴外西脇祐子が告げた事実について一定程度紹介されることについても「黙示の同意」があったものと認められるということである。

［被告準備書面（2）4ページ］

これまで三浦氏側はツイートについて「村上氏から言葉に出してはっきりと離婚関係の相談事の中身をツイートしてよいとは言われていない。でも村上氏は『言葉に出さずとも、心の中で』ツイートされることに同意していた（＝『黙示の同意』はあった）」という主張をしていた。三浦氏側が自らはっきりと「村上氏が言葉に出してツイートを承諾したり許可したりしたことはなかった」と明言し、あったのは言葉に出さない「黙示の同意」だったと断言していた。

それが裁判の中で反論を受け続けた後、最後の最後になって突然「村上さんから承諾を得て、ツイートした」と言い始めていた。三浦瑠麗氏は言い分を変えている。理由なく前言を翻す三浦瑠麗氏の陳述書は、真実を述べたものと信用できるのだろうか。

私はそう思い、三浦瑠麗氏の陳述書の問題点を指摘する文書を裁判所に提出した。

こうした三浦瑠麗氏の陳述書の内容なども踏まえて、改めて法廷に証人を呼ぶ必要まであるかどうかが検討される。裁判所はどう考えているのか。証人尋問で確認すべきことはあるか、それとも、もう十分に判決を出すための証拠はそろったのか。

２０２１年8月4日、裁判期日が開かれ、証人尋問をどうするかの結論が出た。

結論は、証人はいずれも不要。

審理は終結し、次回判決と決まった。口頭弁論期日3回、弁論準備期日11回。７５０日に及ぶ第一審の審理が終わった。

第一審判決

第一審の判決日は審理終結から約3か月後、２０２１年11月15日午後1時20分からと決まった。

その日は快晴だった。私は裁判資料が入ったスーツケースを引きながら裁判所のある東京・霞ヶ関駅に向かう。どんな結論になるのか。もちろん勝ちたい。でも一方で、できることはやり尽くしたという思いもあった。あとは結果を待つしかない。

東京地方裁判所に到着し、6階にある615号法廷に入る。民事裁判の判決は実際に法廷に出席して言い渡しを聞く必要はなく、後から判決書をもらいに行くだけでもよい。しかし、私は言い渡しの瞬間に直接判決を聞きたかった。傍聴席から柵の扉を抜けて、原告席に座る。三浦瑠麗氏本人や三浦氏側の弁護士は来ておらず、被告側は空席だった。

裁判官3名が入廷する。私は立ち上がって一礼する。そして全員が着席する。傍聴席には報道機関の記者と思しき人達が数人、メモ帳を片手に判決の瞬間を待っている。裁判所書記官が事件番号を読み上げる。

「令和元年(ワ)第18906号
原告　西脇亨輔
被告　三浦瑠麗」

裁判長が口を開いた。

「それでは、判決を言い渡します」

私はひとり原告席で頭を下げ、両手を握りしめて祈った。緊張で全身の血が沸き上がる。

主文

被告は、原告に対し、30万円及びこれに対する平成31年4月25日から支払済みまで年5分の割合による金員を支払え。

顔を上げて、天を見上げる。

勝った。訴えが認められた。

傍聴席が慌ただしくなり、メモ帳に判決の内容を書き付ける記者の姿が見えた。原告席の私はたったひとりで誰とも気持ちを分かち合えないが、口を真一文字に結んだ身体の中を興奮が駆け巡った。声が出そうになるのを何度も深呼吸して抑えた。２０１９年7月17日に提訴してから2年4か月。暗く長かった日々を乗り越えた喜びを、無言のまま噛みしめていた。

第一審判決の主な内容は以下の通りだった。

（1）最初に、今回のツイートが原告（私）と村上氏の夫婦二人について述べたものと言えるかどうかが検討された。

三浦氏側は「原告の知名度は低いので、村上氏について書かれたツイートを読んでも原告の夫婦に関するツイートだと分かる読者はいない」などと主張していた。

しかし判決は、本件ツイートの記載を「一般の読者の普通の注意と読み方を基準として」判断すると、原告と村上氏の二人に関して、離婚手続きなどに関する事実を述べたものだと認めた。「原告のことなど述べていない」「読者には原告のことなど分からない」という三浦氏側の主張は退けられた。

（2）次に、ツイートが名誉毀損かどうか。この点は私の主張が否定された。判決はこう述べた。

現代の我が国において、夫婦が婚姻関係の破綻によって離婚に至ること自体は特に稀な事象ではないことを踏まえると、婚姻関係が悪化した経緯や原因等についての具体的な事情を離れて（中略）原告の社会的評価を低下させるものとは認め難い。

［第一審判決　9〜10ページ］

つまり、離婚に関することを言われたとしても、離婚が珍しくない現代では、その人の名誉が傷つくとは言えないという判断だ。これまでの裁判例と同じ判断だった。

（3）続いて、判決はプライバシー権侵害の判断に移っていく。

ツイートの内容がプライバシーを侵害したものと言えるかどうかについて判決は、概ね次のように判断した。

一般に、家庭内における婚姻関係、特に夫婦間のトラブルに関する事実は、家庭外に知られることを望まないのが通常であり、上記事実のように、夫婦が別居し、離婚調停を経て離婚訴訟において係争する事態にまで至り、婚姻関係が破綻したとの事実は、夫婦間のトラブルの中でも深刻なものであって、一般人の感受性を基準にすれば、公開を欲しないものというべきである。
そして、弁論の全趣旨によれば、上記事実は、本件各投稿がされた時点では、一般には知られていなかったと認められる。（中略）
したがって、上記事実を公表した本件各投稿は、原告のプライバシーを侵害するものと認められる。
［第一審判決　11〜12ページ］

「ツイートはプライバシー侵害に当たる」という判断だった。

（4）そして、三浦瑠麗氏のツイートには、プライバシー侵害しても許されるような「正当な理由」はあったのか、なかったのか。
この点について判決はまず、三浦氏のツイートは「週刊ポスト編集部及びテレビ朝日を批判することを目的として行われたものであり、他方、原告のプライバシーを積極的に暴露しようという意図に基づくものではなかったと認められ」「目的自体については、一定の正当性を認めることができる」とした。

その上で次のように判断した。

しかしながら、被告が週刊ポスト編集部及びテレビ朝日に対する上記批判を行うに当たっては、原告及び村上の婚姻関係の実情についての取材及び記述の不十分性を指摘するにとどめるなどして、原告のプライバシーに配慮する形で上記批判を行うことも十分に可能であったというべきであり、未《いま》だ一般には知られていなかった事実を公表することが必要不可欠なものであったとはいえない。

上記事実は夫婦間のトラブルの中でも深刻なものであるところ、これがツイッター上の被告の公式アカウント（令和元年7月6日時点のフォロワー数は17万9545人である。）における本件各投稿によって公表されたほか、本件各投稿を引用する記事が報じられるなどして社会に伝播《でんぱ》しており、原告に対するプライバシー侵害の程度は決して軽視することができないものである。

そして、本件各投稿がされた当時はテレビ朝日のアナウンス部を離れて法務部に勤務していた原告にとって、上記事実の公表を受忍すべき理由は見当たらない。

以上によれば、本件各投稿について、上記事実を公表する理由が、上記事実を公表

されない法的利益に優越するとはいえないというべきである。　［第一審判決　13ページ］

三浦瑠麗氏が主張する目的を前提にしても、そのためにプライバシーを晒すような投稿をする必要はなかった。これがこの判決の核心だった。

こうして三浦瑠麗氏のツイートは違法と認定され、損害賠償が認められた。

（5）損害賠償の金額については「一切の事情を総合的に考慮すると」30万円が相当であるとされた。金額について具体的な算定式は示されていなかったので、過去の例も踏まえた「相場」というところであろう。そして謝罪広告の請求は認められなかった。

私は判決を受けて報道機関に向けたコメントを作成した。三浦瑠麗氏に判決と向き合って欲しいと思い、次のようなコメントにした。

ネット上の発言にも責任が伴うことを、改めて示した判決だと受け止めています。公に発信することの重みを、三浦さんには分かってほしいと思います。

続けて、思いの丈を書き綴った。


無責任なツイートで人を傷つけることを、表現の自由とは呼びません。

コロナ禍での延期もあり長期間にわたる裁判でした。

諦めそうになることもありました。

しかし「ネット上では注目を集めればどんな発言をしてもよい」という、「言った者勝ち」の風潮に一石を投じたいと考えて、今日まで闘ってきました。

もしこの判決が、ネット上の発信に傷ついている方々にとって少しでもお力になれれば幸いです。


三浦瑠麗氏敗訴のニュースはインターネット上などで次々と報道された。私のコメントも一部報じられた。私は「これでゴールを迎えた」と思った。

しかし数日後、自分が間違っていたと思い知らされることになる。

第四章

控訴審

「わたしの主張を大筋で認めていただいた」

私が三浦瑠麗氏との訴訟に勝ったというニュースは会社内にも広がった。「一体何をやっているんだ」という声もある一方で、勝訴を喜んでくれる人もいた。

第一審判決から2日後の2021年11月17日夜、会社の同僚と虎ノ門の居酒屋でお酒を飲んだ。そこには他社の方や弁護士の方も来ていた。他社の方からは「きみ、うちの会社の社員だったらこんなこと許されないよ。会社にいられないよ」とおどかされ、弁護士の方からは「よく勝ちましたねえ」と褒めてもらった。私はこれで一息つけると思いながら、久々にビールのジョッキを傾けていた。

ひとしきり裁判の話をしたところで時刻を見ようとスマートフォンに目をやると、新しいニュースの見出しの最初の数文字が、通知画面に表示されていた。嫌というほど見慣れた人名が、目に飛び込んできた。身体がびくっと無意識のうちに反応して、一気に酔いが醒め頭が冷え渡った。これは、まさか。意を決して通知欄の表示を人差し指で押すと、東京スポーツウェブ版の記事が現れた。

「三浦瑠麗氏が30万円の損害賠償を不服として控訴　〝表現の自由〟を争う」

国際政治学者の三浦瑠麗氏（41）が17日、自身のツイッターで、テレビ朝日の西脇亨輔氏からプライバシーを侵害されたなどとした訴訟の一審判決を不服とし、同日付で控訴したことを明かした。※8

まだ闘わないといけないのか。2年4か月に及ぶ闘いの直後の私に、どっと疲れがのしかかった。あの辛い日々を、まだ続けるのか。

三浦氏は翌18日、「山猫総合研究所」のウェブサイトに「テレビ朝日社員、西脇亨輔氏との訴訟につきまして」と題したプレスリリースを掲載した。そこには三浦瑠麗氏によって、第一審判決が次のような言葉で総括されていた。

判決文によれば、原告による名誉毀損の訴えは、これを認めないとして棄却され、わたしの主張が全面的に認められました。

謝罪広告の掲載要求についても、原告の訴えは棄却されました。

結果的に、本件ツイートの公益性は認められたものの、原告のプライバシーを公表されない法的利益に優越するとは言えないという判断となり、損害賠償請求について原告の請求のおよそ10分の1の額が認められました。訴訟費用については12分の11を原告負担、12分の1をわたしの負担としています。

今回の判決では、わたしの主張を大筋で認めていただいたことは確かですが、判決は真摯に受け止めます。

（山猫総合研究所ホームページ　2021年11月18日付リリース）

三浦氏のプレスリリースでは、第一審判決は「わたしの主張を大筋で認めていただいた」ものになっていた。

しかし、そういう判決なのか。

判決が認めた30万円という損害賠償額はプライバシー侵害の慰謝料額としては通常の範囲のもので、三浦氏の責任を特に小さいとしたものではない。訴訟費用についても、単に私が原告として最初に多く設定した請求額に比べると認められた賠償額が10分の1となり謝罪広告も難しかったので、これに応じて分担が決められただけだ。

それなのに「原告に対するプライバシー侵害の程度は決して軽視することができないものである」と断じた第一審判決を「わたしの主張を大筋で認めていただいた」と発表する三浦瑠麗氏のプレスリリースは、ミスリードなのではないか。三浦氏のコメントは「あくまで負けは認めない」というものに見えた。

続けて三浦氏は、こう宣言していた。

表現の自由に対する介入はもっと抑制的であるべきだと思っています。
表現の自由について、裁判所のさらなる判断を仰ぎたいと考え、控訴することにいたしました。

しかし私は、この判決は「ある表現が他の個人の人権を侵害したため損害賠償が認められた」という通常の民事事件の判決だと考えていた。検閲などと違って、この判決は公権力による「表現の自由に対する介入」ではない。三浦瑠麗氏のコメントを見た人はこの判決を誤解するかもしれない。

そう思っていた直後、三浦瑠麗氏の公式ツイッターアカウントに三浦氏のコメントを読んだ人達からの反応が次々と寄せられ、表示され始めた。

「え、ネットニュース見て瑠麗さん敗訴だと思ってました！またしてもマスゴミの印象操作でしょうか・・・」

「訴訟費用の負担は裁判官の勝敗感覚を色濃く反映しますので、12分の1の負担で済んでるということは、事実上勝訴とみなせると思います。」

「控訴支持。正論!! 高裁では裁判官もレベルアップされていることを期待する。」

「裁判官には庶民感覚がない。世間ずれしている。などと、批判がありますなぁ」

「頑張って！本当に馬鹿相手に大変ですね！」

（原文ママ、三浦瑠麗氏公式ツイッターアカウントより）

三浦瑠麗氏の公式ツイッターアカウントはこうした声で溢れていた。

誤解は解かなければならない。今諦めたら、全てが水泡に帰す。今までの日々が、ただの無駄死ににになってしまう。

第一審の闘いで疲れ果てて悲鳴を上げている自分の頭と身体に、もう一度活を入れた。

また闘おう。ふたたび長い日々が始まることを覚悟した。

空っぽの日々

控訴審を闘い始め、日々の生活でも三浦氏との裁判のことが頭を離れることはなかった。とにかく最後まで闘いたい、強くありたいと思いながら毎日を過ごしていた。気が付くと他の何にも興味がなくなっていた。

以前は趣味でよく見に行っていた映画にも食指が動かない。自分がその手で行っている目の前の闘いと比べると、全て絵空事に思えてしまう。

物を食べていても味を感じない。美味を楽しんでいる余裕があったら、その分一つでも新しい反論を考えなくては。そんな思いに駆られていた。

会社で仕事を終えると自宅や喫茶店で裁判の主張を書き続ける。そんな日々を送っていたある日、会社帰りにふと目に留まった光景があった。それは会社の近くにあるガラス張りのジムの中で、必死の形相でバーベルを上げるトレーニング中の人々の姿だった。皆ひとりひとり自分なりの限界の重さに全力で挑戦している。そこには自分との闘いだけがあり、余計なものも雑念もないように見えた。

一方でジムのガラスに映った私の姿は、闘いを始めた2年半前とはすっかり変わっていた。机にかじりついて裁判資料を書き続けた疲れで、顔は青白くなり、頬がこけてすっかり生気が失われ、食事を後回しにする毎日のせいで身体は痩せっぽちになっていた。幸せの残滓《ざんし》などどこにも見当たらなかった。


自分も強くなりたい。


気が付くと私はそのトレーニングジムの受付に向かい、入会の申し込みをしていた。

そのジムは厳しい短期集中のトレーニングで筋肉が確実につくという定評があるところで、周りは筋骨隆々とした人ばかりだった。一方で私は満足にスポーツをしたことがなく、身体はひょろひょろだった。

入会初日、トレーナーの指導の下で生まれて初めてベンチプレスをする。しかし重りを何もつけていないただの棒（シャフト）でさえ満足に上がらない。力を入れ続けるうちに眩暈《めまい》がひどくなり、結局貧血を起こして倒れてしまった。初日のトレーニングは1時間のはずが30分ほどで終わってしまい、私は頭に血が戻ってくるよう、独りお手洗いの冷たいタイルの上でずっと横たわっていた。

でも諦めたくない。翌日も、その翌日もジムに通った。すると徐々にバーベルが上がるようになり、貧血にもならなくなってきた。何も考えずに目の前の重さに集中することで、気持ちが整っていくようになった。心の痛みと闘いながら三浦氏への反論を考える中で胸に溜まっていく濁りや澱《おり》が、トレーニングで浄化されていくような気がした。

食生活も変わった。毎食、「肉のハナマサ」という業務用スーパーで買ってきた2キロパックの鶏胸肉を4等分して、500グラムずつ食べる。鶏胸肉はそのままだと食べにくいので、もらい物の小さなフードプロセッサーで挽き肉にして、野菜と一緒にゆでて食べる。味はない。

でも味がない方が心地よかった。肉の塊を口から身体に入れると、頭に直接タンパク質が上り脳内を巡っているように感じられた。余計なものはない。それだけで十分だった。

気づいたら職場とジムと自宅というトライアングルができ、食べるものもほぼ毎食同じになった。全く色彩がない日常の中で、心を空っぽにしながら、控訴審の審理に臨んだ。

控訴理由書

控訴審の審理も第一審と同じく書類の応酬が主だ。控訴する側は第一審の判決書を受け取ってから2週間以内に控訴状を出す。ただこの時点ではまだ詳しく控訴審での主張を書くには時間が足りないので、その後50日以内に「控訴理由書」という書類を提出して詳しい主張をすることになっている。

またこの裁判では、第一審判決で私の請求額である300万円が満額認められたわけではなかった。そのため三浦瑠麗氏だけでなく私にも、より高い慰謝料を求めて控訴する権利があった。

しかし私はお金が欲しくてこの裁判をしているわけではない。三浦氏のツイートが違法なものだったと裁判で認めてもらえさえすれば、それでよかった。そこで私は控訴はしないことにした。三浦瑠麗氏だけが第一審判決を不服として控訴し、その当否が争われることになった。

2022年1月14日付で、三浦氏側の控訴理由書が届いた。どんな内容が書かれているのか、開いてみる。

控訴理由書は26ページに及んでいたが、その内容は概ね第一審と同じものだった。ただ第一審で三浦氏側がしていた「このツイートは原告についてのものではない」という主張については諦めたようで、原告（私）についても述べたツイートだということは認めていた。

そのうえで「ツイートの内容は、週刊ポスト報道などで既に広く知られていた」「ツイートは週刊ポストやテレビ朝日を批判するために必要だった」という、第一審判決で退けられた主張が繰り返されていた。

少し変わったところとしては、三浦氏側の主張の中での私の「地位」が上がっていた。第一審で三浦瑠麗氏側は「このツイートが原告に関するものだと分かる読者はいない」という主張をし、私について「テレビ朝日法務部所属の一会社員に過ぎないのであり、原告それ自身にネームバリューや社会的注目があるというわけではない。」（第一審被告準備書面（1）4ページ）と言っていた。

これに対して控訴審では、三浦氏側は、被控訴人（「控訴された人」のことで、この裁判では私のこと）はプライバシーを公開されても甘んじて受け入れるべき立場にあるという主張を始めた。三浦氏側は次のように述べていた。

被控訴人は、確かに現在は一私人に過ぎないが、それでも現在も元アナウンサーかつマスメディアでの就労経験者として、さらに現役の弁護士として、まったくの一私人とは評価しがたい存在である。

〔控訴理由書 15ページ〕

そして第一審判決について「被控訴人を全くの私人と同視し、『上記事実の公表を受忍すべき理由は見当たらない』と判断しているものであり、その判断には重大な瑕疵《かし》がある。」（控訴理由書 17ページ）と批判していた。

第一審では三浦瑠麗氏側は私のことを再三「一会社員に過ぎない」と言っていたのに、控訴審では「まったくの一私人とは評価しがたい存在」と言い始め、私の扱いを変えていた。控訴理由書の中で私が急に重要人物に「出世」したのを見て驚いたが、この三浦氏側の主張も裁判の大勢に影響するものとは思えなかった。

控訴理由書を読む限り、特に警戒すべき内容はない。
私は「控訴審は『一回結審』で終わるかもしれない」と思った。

急展開

東京高等裁判所から連絡があり、控訴審の第1回裁判期日が2022年3月14日に指定された。控訴審の場合は、この1回目の期日で控訴した側とされた側それぞれの書類を裁判所が確認して審理は終了し、あとは次回に判決を言い渡すだけという「一回結審」と呼ばれるケースも多い。最高裁判所がまとめた2021年のデータでは、高等裁判所が裁判期日（口頭弁論）を開いた控訴審の8割以上が「一回結審」で終了している。※9
よし、1回で終わらせよう。私は猛スピードで控訴理由書への反論を書き始めた。三浦氏側の主張は第一審とほとんど同じなので、こちらもこれまでの主張を繰り返す。
ただ裁判を1回で終わらせるためにはこちらの主張書面を裁判期日直前に提出してもだめで、ある程度早く出す必要がある。相手方に対して、再反論したければできる時間を与えるためだ。私は裁判期日の約1か月前となる2月18日に、控訴理由書に対する「反論書」を提出した。これまでの主張を集大成し、Ａ４版で１１５ページになった。

そして迎えた控訴審の第1回裁判期日。被控訴人の席に私が、控訴人の席には橋下綜合法律事務所の溝上弁護士が座っている。相澤哲裁判長はじめ3名の裁判官が入廷する。

こちらの主張は余すところなく反論書に記載した。その後、三浦氏側からは新しい反論書面は提出されていない。

裁判長が口を開く。

「双方、今後の予定について何か言いたいことはありますか」

私は何もない。何もなければ、控訴審の審理はこの1回で終わる。長かった旅路がようやくゴールを迎える。

法廷で感慨に浸っていたら、三浦氏側の弁護士から思いもよらない発言があった。

「専門の学者による意見書の提出を考えています。次回の裁判期日までに提出いたします」

学者の意見書！　そうきたか。

すっかり浮かれていた私は、急に冷水を浴びせられた。

民事裁判で学者の意見書が提出されることは、複雑な事件を中心に時折ある。特に第一審の判決を控訴審でひっくり返そうとするとき、第一審判決の法律的な問題点を学者の先生に的確に指摘してもらうと、控訴審での逆転の足掛かりになり得る。意見書を作成してもらう学者は、裁判官も信用して納得してしまうような大物である方がいい。私自身もかつて、高名な大学教授の意見によって第一審判決がひっくり返った裁判を経験したことがある。

三浦瑠麗氏は一体どんな学者を連れてくるのか。三浦瑠麗氏の援軍は誰なのか。

第1回裁判期日の10日後、2022年3月24日に意見書が届いた。一体誰の意見書なのか。意見書の作成者の欄を見る。

「東京都立大学教授　木村草太」

新たな人物がこの裁判に登場した。
意見書の作成者は、木村草太氏だった。

木村草太氏との闘い

木村草太氏は著名な憲法学者だ。多数の著書を出版し、テレビへの出演も多い。以前テレビ朝日の「報道ステーション」のコメンテーターだったこともある。

裁判の相手方が三浦瑠麗氏、その弁護士が所属する法律事務所の代表が橋下徹氏、そして意見書を出す法学者が木村草太氏。

「コメンテーター揃い踏みだ」と私は思った。有名学者の木村草太氏が三浦瑠麗氏を援護する。新しい強敵の登場に身が震えた。「控訴理由書」を読んで楽観的になっていた自分を叱った。

木村草太氏の意見書は「乙22号証」として三浦氏側から提出された。全部で11ページ。学者による文章らしくその端々に脚注がつけられ、欄外には参考文献の書名がぎっしりと記載されている。これは本格的な学者の論文だ。弁護士を相手に論戦したことはあるが、学者の論文は教科書のようなもので、反論する対象ではないと思ってきた。学者と論戦しようと考えたことなどこれまでない。有名な木村草太氏を論破することなど果たしてできるのだろうか。おそるおそる意見書の中身を読み始めた。

木村草太氏の意見書は「はじめに」という前書きに続いて本論に入ると、「表現の自由」の大切さを滔々と述べていた。

憲法21条1項は、表現の自由を保障する。この権利は、憲法上の権利の中でも優越的地位を認められ、特に手厚く保護されるべきものだ。この点は、判例・学説でも何度も確認されてきており、法律家の常識と言ってよい。

［乙22号証　木村草太氏意見書　2ページ］

意見書の欄外には、「奥平康弘『憲法Ⅲ　憲法が保障する権利』183頁」「同『なぜ「表現の自由」か（新装版）』55～61頁」という風に、著者、書名、そしてページ番号まで挙げて詳細に、自説の裏付けとなる専門書のデータがぎっしり書かれていた。奥平康弘氏といえば東京大学名誉教授で、憲法学の大家だ。

「確かに表現の自由は大切だし、東京大学名誉教授もそうおっしゃってるみたいだし」

私は木村草太氏の意見に納得しかけた。が、その時ふと、微かな違和感が湧いた。

表現の自由は大切ではあるが、他の人の人権との関係では必ずしも「優越」するわけではない。政府をはじめ公権力が検閲などをして表現の自由を制約しようとする場合には、これが許されるかどうかについて極めて厳格に審査することになっている。しかし名誉毀損やプライバシー侵害など「他の人の権利を傷つけた場合」について、「表現の自由が優先だから、何をしてもいい」という理屈はないはずだ。

表現の自由が優先されるという木村草太氏の意見は、「表現が他の人の権利を傷つけた事件」に関するこの裁判に、「公権力が表現の自由を弾圧した事件」の話を持ち込んだ、いわゆる「論点ずらし」なのではないか。

ふとそう思った私は、刑事ドラマでよく聞くセリフを思い出した。

「現場百遍」

事件解決のヒントは必ず現場にある。だから現場に百回足を運べ。

木村意見書に名前が出てくる本を全て現物に当たって読んでみれば、論破するヒントが出てくるかもしれない。私は木村草太氏が自分の意見の裏付けとして脚注に挙げている専門書の全てを読んで、本当に木村氏の意見通りのことが書かれているのか確認することにした。まず東京・霞が関の弁護士会合同図書館へ、そしてそこにない本は永田町の国会議事堂に隣接する国会図書館に行き、一冊一冊、資料を読んでいく。

すると、目を見張った。

木村草太氏が1冊目の参照文献として名前を挙げていた「奥平康弘『憲法III　憲法が保障する権利』」の小見出しには、こう書かれていた。

「優越的な地位」は飾りもの?

「飾りもの?」。一体どういう意味なのか、文章を読み進めていく。

日本の最高裁も、「優越的な地位」あるいは「二重の基準」があるべきことを示唆したことがある。しかしながら、表現の自由が問われた裁判事件においてこのコンセ

プトを用い、合憲違憲の決着をつけたことは、いまだかつていちどもない。※10

要するに、「表現の自由は他の人権よりも『優越的な地位』にあるから優先させるという考え方は、日本の裁判では使われていない」と奥平東大名誉教授は著書の中で断言していたのである。木村草太氏の意見書とは逆だ。少なくとも木村草太氏の意見の裏付けになる文献とは言えない。

さらに奥平東大名誉教授はこう続けていた。

表現の自由といえども、他人の名誉毀損（および現今ではプライヴァシー侵害）をおこなう自由はない。逆に言えば、他人の名誉（およびプライヴァシー）保護との関係で、表現の自由は制限を受けなければならない。

なぜか。その理由は、ある意味で比較的簡単である。フランス人権宣言四条は「自由とは、他人を害しないすべてのことをなしうることにある」と述べているように、表現の自由もふくめて近代的な自由は、それによって「他人」（の人格）を害してはならないものと考えられている。

つまり表現の自由の名において、他人の名誉を傷つけたり、プライヴァシーを侵害したりする権利は、誰ももたないのである。※11

まさに私が言いたかったことを、奥平東大名誉教授の文献は言っていた。逆にこの文献の記載は、「表現の自由は憲法上の権利の中でも優先されるものだから、三浦瑠麗氏のツイートがプライバシーを侵害しても、表現の自由として許される」という木村草太氏の意見書の主張とは逆だと私は理解した。

なぜ木村草太氏は、意見書の主張と矛盾するような文献を、わざわざ自分の意見の裏付けとして脚注に載せたのだろう。疑問を抱きながら「現場百遍」を続けていく。

木村草太氏が2冊目の参考文献として挙げていた『なぜ「表現の自由」か（新装版）』を読んでみた。ただ、ここにも「優越的地位」については特に何も書かれていない。それどころか、この本の中で驚くべきものを見つけた。

本のあとがき部分に、木村草太氏本人が「解題」と題して文章を寄せていたのだ。

そしてそこには、こう書かれていた。

権利の重要性を強調する者は、「権利を守るためなら、他の価値が犠牲になるのもいとわない」という態度になりがちである。この点、奥平は、樋口陽一との対談で、過去の自分が「表現の自由だから、そこのけ、そこのけ、お馬が通るという議論を少しし過ぎたような気がする」と反省する。

確かに、表現の自由を錦の御旗のように振りかざす議論も、憲法学界にはしばしば見受けられる。しかし、本書に示された、奥平の議論は、表現をする者の公正や社会的責任を無視するものでは全くないことに気づくだろう。※12

木村草太氏は意見書の中では、表現の自由は憲法上の様々な権利の中でも「優越的地位」にあり「特に手厚く保護されるべきものだ」と記していた。

しかし同じ木村草太氏が、この書籍の中では「表現の自由を守るためなら他の価値が犠牲になるのもいとわない」という考え方や、「表現の自由を錦の御旗のように振りかざす議論」を否定していた。

同じ木村草太氏なのに、意見書と書籍で逆のことを言っている。

私にはそう思えた。一体この意見書はどうなっているのか。独立した学者による学問的知見が書かれたものと言えるのだろうか。三浦瑠麗氏に有利な結論ありきの意見書になってはいないだろうか。いや、木村草太氏も学者である以上、まさかそんなことはないはずだ。

冒頭から疑問を感じながらも、私は木村草太氏の意見書を徹底して読み込んでいくことにした。目を凝らすと、様々な問題点が見えてきた。

「正当防衛が成立する」

意見書には様々なことが述べられていたが、私にはこの裁判の争点からずれているように見えた。特に私が驚いたのは、木村草太氏の次のような意見だった。
（1）「名誉毀損」の基準を「プライバシー侵害」に使う
まず木村草太氏は「表現の自由と公共性三要件」という章を作って「名誉毀損の裁判で表現が違法か正当かを判断するときに使う『公共性三要件』という基準を、プライバシー侵害の裁判でも使うべきだ」と力説していた。

その理由について木村氏は、①名誉毀損には刑罰があるがプライバシー侵害には刑罰はないので、名誉権の方が強く保護されている、②従って名誉毀損の基準で正当と認められる表現が「プライバシー権との関係では免責できないするのは（原文ママ）、均衡を失している。」と述べていた（乙22号証　木村草太氏意見書　4ページ）。

しかし「名誉毀損」と「プライバシー侵害」は別々のものだ。

このため表現が違法か正当かを決める基準についても、最高裁判所はそれぞれに別々のものを作っている。名誉毀損では「公共性三要件」と呼ばれる基準（公共性がある事柄について、公益目的で、真実を報じた場合には、違法にはしない）が使われ、プライバシー侵害では別の基準（プライバシーを公表されない利益と、公表する理由を比較する）が使われていて、この使い分けは日本の裁判ではすっかり定着している。

この最高裁判所が決めたルールをひっくり返して、「名誉毀損」のルールを「プライバシー侵害」でも使おうという木村草太氏の意見は、たとえれば、野球の試合中に突然サッカーのルールを使おうとするようなものだと思った。さすがに無理があるのではないか。

木村草太氏の意見書はその半分以上を、この「ルール」についての意見に費やしていた。

私は木村草太氏の意見が最高裁判所の判例と違っていることを、淡々と指摘することにした。

（2）アナウンサーの不倫の「公共性」

木村草太氏は意見書の中で、アナウンサー論も語っていた。

しかしそもそも三浦氏のツイートの時点で村上祐子氏はアナウンサーではなく政治部記者だったので、意見書で女性アナウンサー論を述べられても、今回の裁判には使えないはずだ。それでも木村草太氏は「アナウンサーの不倫に関係することがらは、報道すべき公共性があり得る」という持論を展開し、その理由として以下のように述べていた。

　アナウンサーは、不貞行為に関する取材やインタビューに関与したり、番組の中で意見を述べたりすることもある。当人が不貞行為の経験者であるかは、それらの取材・インタビュー・意見の評価の資料になるという観点からすれば、アナウンサーの不貞行為やその態様は、公共の利害に関連する事実に該当すると言う考え方もあり得る。

［乙22号証　木村草太氏意見書　7ページ］

「不貞行為の経験者」であるかどうかが、アナウンサーとしての取材やインタビューなどを評価する資料になる。

この独特な木村草太氏のアナウンサー論にどう反駁《はんばく》するか思いあぐねながら、でもこれは村上氏のプライバシーに関する意見であって、その配偶者である私の話ではないと気づく。では私のプライバシーについてはどう書いてあるのか。探してみると、意見書の欄外の脚注にこう書いてあるだけだった。

民放アナウンサーの不貞行為やその態様が、国会議員の不貞行為などと同様に公共利害関連事実だとする場合、民放アナウンサーの配偶者は、その事実が公の議論の対象になることを甘受すべきことになる。

［乙22号証　木村草太氏意見書　7ページ　脚注14］

なぜ民放アナウンサーの配偶者だと、プライバシー侵害を「甘受」しなければならないのか。そこに法的な理由は見当たらなかった。

（3）正当防衛

また木村草太氏は、三浦瑠麗氏のツイートは週刊ポストの不倫疑惑報道から村上祐子氏の名誉権を守るためのものだとして、こう主張した。

本件投稿が、原告のプライバシーを害する「加害行為」に該当するとしても、正当防衛が成立し「損害賠償の責任を負わない」（民法720条1項本文）と結論できる。

〔乙22号証　木村草太氏意見書　11ページ〕

木村草太氏はこの「正当防衛」について、「正当防衛の枠組み」という見出しをつけ、意見書の中で約2ページにわたって力説していた。

しかし「正当防衛」とは、そういう意味ではない。

民法上の「正当防衛」とは、「今まさに害悪を加えられている時に、これを避けるためにどうしても必要なら、緊急手段として他の人の権利を害してもいい」という決まりのことだ。「正当防衛」ができるのは「今まさに」何かされているときだけだ。

三浦氏のツイートがなされたのは２０１９年4月23日と4月25日。週刊ポストの不倫疑惑報道がなされた同年4月15日から１週間以上が過ぎた後だった。１週間以上前の出来事について事後に対抗手段をとることを「正当防衛」とは呼ばない。それはただの「仕返し」だ（法律用語では「自力救済」と呼ばれる）。

もし週刊ポストの不倫疑惑報道が違法だと思うなら、法律に従って、出版社に抗議したり裁判を起こしたりして責任を問えばいい。もしテレビ朝日の対応に問題があると思うなら、法律に従って、テレビ朝日に抗議したり裁判を起こしたりして責任を問えばいい。「やられたから、やりかえす」では法治国家ではない。「不倫疑惑報道に対抗して行ったツイートなのだから正当防衛だ」という意見は、乱暴だ。

木村草太氏の「正当防衛」という意見は、日本の法律では成立しない独特な考えとしか思えなかった。

そして、木村草太氏はこんなことも述べていた。

原告が親密関係を結んだ相手であるＡ（注：村上祐子氏）の幸せを願うのであれば、

本件投稿によるＡの名誉回復自体は、原告にとって喜ばしいことでもあるはずだ。

［乙22号証　木村草太氏意見書　10ページ］

「幸せを願うのであれば」「喜ばしいこと」

なぜ木村草太氏に、私の心の中を決めつけられなければならないのか。そこには法律や理屈は語られていなかった。これは本当に「法律の意見書」なのか。私は途方に暮れた。

私は木村草太氏の意見書の一言一句に対して反論することにした。約１か月かけて反論書を完成させ、２０２２年4月20日に提出した。木村氏の11ページの意見書に対して、反論書はちょうど１００ページになった。

この反論書は、自画自賛するわけではないが、自分でもきっちり書くことができたと思う。木村草太氏が引用していた参考文献全てを一冊一冊愚直に当たったって調べ上げ、木村氏の主張の矛盾点を突いていく。概念や上辺の空中戦ではなく地道に事実関係に当たることの大切さを、改めて学んだ気がした。

そしてこの裁判が始まった最初の頃の裁判書類と見比べると、今の自分の方が裁判を闘う力がついてきていると感じた。相手方の主張から目を背けずに、粘り強く反論を考えていく。内容が複雑になっても、文章の量が多くなっても、長い道程を毎日こつこつ書いていく。そんな体力がつき始めているのを感じた。

「提訴から今までの日々が、自分を少し強くしてくれたのかもしれない」

そんな実感が湧いた。

木村草太氏の意見書が提出された後、三浦氏側からは2通の主張書面が出された。1通目は3枚、2通目は1枚。木村草太氏の意見書に言及した部分はごく僅かで、また意見書に対する私からの反論に再反論する言葉はなかった。

木村草太氏の意見書への反論を提出してから約1か月後の2022年5月23日、控訴審の審理が終結となった。判決日は、約2か月後の7月27日に決まった。

悲しみの果て

控訴審を闘っているとき、一人の女性と出会った。

年下だがとてもしっかりしていて、行動的な人だった。時折二人で散歩や旅をした。向日葵《ひまわり》畑を見に行って、小さな喫茶店でグラタンを食べた。青空へ我先にと伸びる向日葵は、風に吹かれて金色の水面のようだった。白いグラタンからチーズの香りが立ち上って、中のかぼちゃがほっくりしていた。色や匂いを感じるのは久しぶりだった。一連の出来事があって色彩を感じることがなかった日常に光が射しこんできたような気がした。彼女と一緒に過ごすことで、これからいろいろなものが色付いてくる。そう思った。

しかし結局、別れることになってしまった。原因はすべて私にあった。

お付き合いしながらも、頭の片隅に裁判のことが残り続けていたというのも一つの原因だと思う。またこの数年間様々なことがありすぎて自分に幸せが続くはずはないという不安も付きまとっていた。どんなに幸せな時間を過ごしていても、次の瞬間これまで見てきた奈落の記憶がフラッシュバックのように蘇ってくる。幸せが輝けば輝くほど、影が深く濃く感じられてしまう。

しかし一番大きかったのは「自分は幸せになってはいけない」という呪縛だった。

自分はこの裁判を闘い始めた時、全てを犠牲にすると決めた。この道を進むからには、薪《たきぎ》の上に臥《ふ》して、胆《きも》を嘗《な》め続けなければいけないと感じていた。自分の気持ちのために会社に迷惑をかけ、周りに迷惑をかけているのに、幸せなどあってはいけないという心の声が、いつも響いていた。幸せになりそうになると、自分には幸せは贅沢すぎると感じてしまい、反射的に身がすくんでしまう。どうしてなのか分からないけれど、勝手にそうなってしまっていた。

そしてきちんとした説明もできないまま、別々の道を進むことになってしまった。今でも申し訳ない気持ちで一杯だ。本当に、本当に、ごめんなさい。

私はまた色彩のない世界に戻り、控訴審の書類を作り続けた。その時にいつも聴いていたのは、エレファントカシマシの「悲しみの果て」という曲だった。

悲しみの果てに　何があるかなんて
俺は知らない　　見たこともない

自分にはもう本当に何もない。悲しみの感情さえ、麻痺してなくなろうとしていた。この闘いの果てがどこにつながっているのかも分からない。できることはただ独りで進むことだけだった。

私は、現世での幸せは諦めている。

控訴審判決

2022年7月27日午後1時10分、東京高等裁判所424号法廷で控訴審の判決が言い渡された。

主文

1　本件控訴を棄却する。

2　控訴費用は控訴人の負担とする。

勝訴だった。

控訴審で三浦氏側は、被控訴人（私）はプライバシーの公表を甘んじて受け入れなければならない立場だと主張していたが、控訴審判決は「村上が準公人的な立場にあるとの控訴人の主張を前提としても、その婚姻関係に関する事実に公共性があるとは認め難い上、仮に控訴人が本件各投稿を行うことについて村上の承諾があったとしても、そのことによって、被控訴人において、自らのプライバシーが一定の範囲で侵害されることを甘受すべきこととなるとは到底解し得ない」として、三浦氏側の主張を退けた（控訴審判決　14ページ）。

木村草太氏の意見書は、控訴審判決で直接言及されることはなかった。

木村草太氏がこだわっていた「名誉毀損の裁判の判断基準を、プライバシー侵害の裁判でも使うべきだ」という主張は、「独自の見解に立脚するもの」で「採用の限りでない」と一蹴されていた。

木村氏が展開していた「アナウンサー論」も否定され、「正当防衛」については判決で触れられることさえなかった。

控訴審が終わった。

２０２１年11月17日に第一審判決の祝勝会の居酒屋で、「三浦瑠麗氏控訴」のニュースを見てから、約８か月が過ぎていた。

第五章　最高裁へ

3・2%

控訴審判決後、三浦氏がさらに最高裁判所に上告するかどうか見守った。

上告期間は控訴の時と同じで、2022年7月27日付の控訴審判決を受け取ってから2週間だ。

三浦瑠麗氏はどうするのか。

日本では上告をしても、その訴えが認められるケースは稀だ。

日本の裁判では最高裁判所に上告できる理由は限定されている。上告理由は、控訴審判決に憲法違反がある場合や重大な手続き違反があった場合だけだ。また通常の上告手続きに加えて、上告審として事件を受理するように申し立てるという手続きもあるが（上告受理申立て）、こちらも控訴審判決が最高裁判所の判例に反している場合などに限定されている。このため上告や上告受理申立てが認められる件数は少なく、そのハードルは高い。

民事裁判の多くはそもそも第一審判決の時点で納得して控訴しない人が多いし、控訴審まで争った場合も控訴審判決が出たところで気持ちを整理して、上告はしないで終わりにするケースが多い。

２０２１年に全国の地方裁判所で出された第一審判決の数は5万９９８９件。全国の高等裁判所で出された控訴審判決の数は７２８６件。そして最高裁判所に上告がなされた数は１９４４件。地方裁判所の第一審判決の数の３・２％だ。[※13]

この裁判は上告されるのか。

控訴審判決から数日たっても「三浦瑠麗氏が上告した」というニュースは入ってこない。三浦瑠麗氏のツイッターにも、代表を務める山猫総合研究所のホームページにも、上告の発表はない。

さすがに上告はしないのかもしれない。ただ上告されていたとしても、上告した本人が広報発表などをしない限り、相手方にはしばらく分からない。裁判所から相手方に「上告された」と通知する文書は、すぐには届かないためだ。上告されたかどうか早く知りたければ、裁判所に直接電話して聞くしかない。

２０２２年8月初旬、控訴審判決から間もなく2週間になろうという日に私は東京高等裁判所の窓口に電話して聞いた。

「この事件、上告されてますか?」

電話の向こうで裁判所の担当者が裁判資料を探す音がして、しばらくすると答えがあった。

「あ、先日、上告されてます」

私は深く息をついた。

まだ続くのか。

上告審を待ちながら

上告審の審理の流れは独特だ。この裁判では次のように進行した。

2022年8月5日
三浦瑠麗氏が「上告状」「上告受理申立書」を東京高等裁判所宛てに提出。
同年8月12日

東京高等裁判所から私のもとに上告を伝える通知書が送られてきた。通知書には「上告状」と「上告受理申立書」のコピーも同封されているが、詳しい主張は書かれておらず「追って提出する」となっている。

同年9月30日
三浦瑠麗氏側が詳しい主張を書いた「上告理由書」等を東京高等裁判所宛てに提出。

ここまでは、「上告審」ではあるものの、書類のやり取りを「最高裁判所」ではなく「高等裁判所」との間ですることになっている。そして「上告理由書」なども含めて必要書類が全部そろったことを高等裁判所が確認して初めて、高等裁判所から最高裁判所に裁判書類一式が移される決まりになっている。

同年11月17日
最高裁判所が高等裁判所から書類一式を受け取ったことを伝える「記録到着通知書」が私に送られてきた。この通知書で私は上告審の正式な事件番号を知ることになる。

事件番号　令和4年（オ）第1661号（上告事件）
令和4年（受）第2086号（上告受理申立事件）
当事者　　上告人兼申立人　　三浦瑠麗
被上告人兼相手方　西脇亨輔

担当は最高裁判所第三小法廷だった。

そしてこの「記録到着通知書」を受け取った後は――。

この後は、何もない。最高裁判所での審理が今どのくらい進んでいるのかという途中経過は全く分からない。ただ待ち続けることになる。

上告審では第一審や控訴審の時のように裁判期日が開かれることはあまりない（特別に裁判期日が開かれる場合は、控訴審の判決を変える可能性が高いと言われている。「最高裁判所で裁判期日が開かれる」と分かると、ニュースとして報じられることが多い）。

上告した側が裁判所に提出した「理由書」も、相手方には送られてこない。三浦氏が提出した「上告理由書」なども私のもとに送られてくることはなかった。

第一審、控訴審では一方が主張書面を提出したら今度は相手方が反論するというキャッチボールが原則なので、一方が裁判所に提出した書類は相手方にも送られてくる。これに対して上告審では、上告した側が提出した書類を最高裁判所が吟味して「これは、相手方にも意見を聞いた方がいいな」と思った場合だけ、相手方に連絡して反論を求めることになっている。

逆に言うと上告の相手方である私にとっては、最高裁判所からの連絡が来ない方が「こちらに事情を聞くまでもなく、上告を退けてくれる」ということになりやすいので、ありがたい。

しばらくの間、私は仕事から家に帰ると毎晩自宅の郵便受けに向き合い、中が空であることを祈る日々を送った。

「最高裁判所」と書かれた封筒が入っていませんように。

深呼吸してから郵便受けに手をかけ、一気に開く。ああ、今日もなかった。そんなことを来る日も来る日も繰り返していた。

くたびれた写真

ただ待つだけの日々を送っている中でさすがに何かしようと思い、一度、最高裁判所に直接行ってみた。上告審では上告人が提出した理由書がこちらに送られてくることはないが、最高裁判所まで行けばこれを閲覧することができる。そこで三浦瑠麗氏側が最高裁判所にどんな書類を提出しているのか確認しに行くことにしたのだ。

東京地方裁判所から警視庁前を抜け、皇居に面した内堀通りの緑に包まれながら歩いて上ると、20分ほどで花崗岩の壁がそびえる最高裁判所の建物が見えてくる。青空の下で陽の光を浴びてひときわ白く映えている。

私は重厚な建物の前で受付を済ませ、最高裁判所記録閲覧室に向かった。厳重な警備の先にある閲覧室で、記録の到着を待つ。

するとこれまでの闘いの記録を全て綴じこんだ厚さ十数センチのファイルが3冊運ばれてきた。パラパラとめくると、見覚えのある書類が次々と現れる。

2019年7月17日付の訴状。

胸が苦しくなりながら反論の糸口を探すため何度も読んだ三浦氏側の準備書面。

反論を書き込んだ私からの書面。

三浦瑠麗氏の陳述書。

「不倫の男女差」が論争となった時に証拠提出した、有名人の不倫についての記事の数々。

裁判資料のひとつひとつを見ていると、3年以上にわたる闘いの一場面一場面が蘇ってくる。一場面一場面といっても、その場所はほとんどが書類に埋もれたワンルームの自室か、会社近くの喫茶店の片隅だ。どこにも直射日光はない。共演者もいない。ただ独りで、薄暗いところで、自分の頭の中だけで闘っていた。そして最高裁判所まで辿り着いた。

裁判資料の中には、証拠の写真もあった。

「甲25号証　写真撮影報告書」

新郎新婦が白い花びらが舞うフラワーシャワーの中で祝福されている写真だった。

証拠の提出期限ぎりぎりの夜、家電量販店の現像機でデジタルカメラから写真を印刷した時のことを思い出した。あの時少しでも写真を綺麗に見せようと、ざらざらしたマット仕様ではなく、光沢仕様を選んで印刷した。それを報告書の台紙に貼る時は、指紋がついてはいけないと写真の端っこを持って、ゆっくりと貼り付けていった。

その写真も3年を経ていた。何度もめくり返され、べたべたと指紋がつき、すっかりくたびれていた。あの頃の輝きはもうなかった。

私はページを閉じて次に進んだ。上告審での三浦氏側の理由書を確認するのが、今日、最高裁判所に来た目的だ。

三浦瑠麗氏側の上告理由書は24ページ、上告受理申立書は25ページ。内容はこれまでの裁判での主張とほぼ同じだった。新しい主張はない。

今度こそ、終わりますように。

そう祈りながら、私は最高裁判所をあとにした。

三浦瑠麗氏の夫を巡るニュース

こうして上告審の審理を待つ間に、三浦瑠麗氏を巡って様々な報道が飛び出していた。2023年1月19日、三浦瑠麗氏の夫・清志氏が代表を務める会社に東京地検特捜部が家宅捜索に入ったと報じられ、翌20日、三浦瑠麗氏は「山猫総合研究所」のホームページでコメントを発表した。


今般、私の夫である三浦清志の会社が東京地方検察庁による捜索を受けたという一部報道は事実です。

私としてはまったく夫の会社経営には関与しておらず、一切知り得ないことではございますが、捜査に全面的に協力する所存です。

また、家族としましては、夫を支えながら推移を見守りたいと思います。

（山猫総合研究所ホームページ　2023年1月20日付リリース）


その後一部メディアで、三浦氏の夫に関する裁判の代理人弁護士が旧統一教会と関連があったことが報じられた。

三浦氏はホームページで「一部報道におきまして、夫のビジネスに関わる訴訟を担当している弁護士の方が旧統一教会関係者であるとの記述があり、夫に選任の経緯を確認しました。（中略）正直、報道を見て驚いております。私としましては、旧統一教会による霊感商法等の活動を一切容認するものではありません。」とコメントしたが、これと関連して、以前三浦瑠麗氏がインターネット番組でした発言が注目を集めた。

「【三浦瑠麗】旧統一教会や安倍元首相の国葬問題…『政治と宗教』本質的な議論ナシ！偏った報道に物申す！」などと題した動画の中で、乙武洋匡氏らと対談した三浦氏は、旧統一教会の高額献金問題についてこう語った。

「たくさんあった財産がなくなったっていうのは、これはそんなに同情すべきかどうかっていうのがあって。みんな1億円の資産がある人なんていないですからね、そんなに。で、あるいはそれを競馬でスッたって同じじゃないですか」

「統一教会のそのいろんな手法は批判されるべきだけど、でもその過程は、統一教会なら救ってあげて、そうじゃない競馬なら救わないっていう法はないでしょ。っていう議論ができないってことは、やっぱり結局、本質には関心ないんですよ」

動画には大きく「統一教会なら救って　競馬なら救わない　はない」という字幕が躍っていた。「なぜ旧統一教会の問題による苦しみを、競馬と同列に扱うことができるのか」という批判が再燃した。三浦氏は以前にもツイッターで「世間の統一教会への反発は、過度な献金強要や囲い込みだけでなく主張にもむけられています。『反日』という言葉はリベラルが従来使わなかった言葉ですが、統一教会に関してはメディアでもSNSでも多用されていますね。」（2022年8月31日　三浦瑠麗公式ツイッターアカウントより）、と述べて「なぜ旧統一教会への『批判』ではなく『反発』という表現を使っているのか」等と批判されたこともあり、改めて三浦瑠麗氏の旧統一教会問題に関する立場について、様々な声が上がった。

そして同年3月7日、東京地検特捜部は4億2000万円を横領した業務上横領の疑いで三浦瑠麗氏の夫を逮捕、3月27日に東京地方裁判所に起訴した。三浦氏の夫は起訴内容を否認していると報じられた。逮捕時と起訴時にそれぞれ、三浦瑠麗氏はホームページでコメントを発表した。

一部報道におきまして、私の夫である三浦清志が逮捕されたという事実を知りました。
引き続き、捜査に全面的に協力する所存です。
家族として、夫を支えながら推移を見守りたいと思います。

（山猫総合研究所ホームページ　2023年3月7日付リリース）

夫である三浦清志が起訴されたという事実を知りました。
夫の弁護は、弁護士の先生方にお任せしております。
家族として支えながら、裁判の推移を見守りたいと思います。

（山猫総合研究所ホームページ　2023年3月27日付リリース）

三浦瑠麗氏のリリースのタイトルには、逮捕についても起訴についても、「一部報道についての」とだけ書かれていた。

三浦瑠麗氏の夫が逮捕・起訴された事件は、三浦氏の夫が代表を務める投資会社「トライベイキャピタル」についてのものだった。このため三浦瑠麗氏の「山猫総合研究所」と「トライベイキャピタル」の本社が同じ場所にあることや、三浦瑠麗氏がかつて共著書で「私たち夫婦は合理的といえば非常に合理的に見えると思いますけれど。お互いの会社の株をほぼ半々で持ち合っているし、それは財産分与なんかより確実ですよ。」「結婚は、私、人間どうしの契約に基づいた運命共同体であると思っているんです。株式会社ってまさに資本主義の一番象徴的なものであり、私たち夫婦って、その経営を通じてパートナーシップをむすんでいるわけですね。[※14]」と述べていたことを指摘する報道が多くあった。

また政府の成長戦略会議のメンバーとして、夫が関わっていた事業である太陽光発電について様々な発言をしていたことに関しても問題視する声が上がった。成長戦略会議の議事録は公表されており、その内容について指摘されていた。

洋上風力だけを重視していると、超大手企業と外国企業だけが参入可能な市場とならざるを得ない。一方で、休耕地を使った中小の太陽光発電が数千万円の投資から可能であるから、やはり日本の中小企業政策を考えれば、こうした小型の分散型の電源を目標達成のためのプロセスとしてしっかり具体化して支援していただきたい。

（2020年11月6日　第2回成長戦略会議での三浦瑠麗氏の発言）

現在、しっかりとした低価格で生産できる業者を、もし、今後10年間潰してしまうと、10年後に、FITが切れた後の太陽光もそのまま終わってしまうことになりかねない。

したがって、現在までに達成した部分をそのまま維持し、さらに発展させるための、しかも低価格での取組を応援するという見地に立って、現状誰が電力を開発・生産できているのかということにしっかりと目を向けていただきたい。

（2020年12月25日　第6回成長戦略会議での三浦瑠麗氏の発言。なお「FIT」とは、太陽光発電などによる電力を電力会社が一定の価格で買い取ってくれる「固定価格買取制度」のことで、この制度をいつまで続けてもらえるかは太陽光発電業者にとっては重大な関心事と言われていた）

今のところ成長戦略に間に合わなかった荒廃農地の太陽光発電に対する転用の件について、ぜひやっていただきたいのだが、規制改革を実際にされたものの運用で全てが変わっていくということである。相変わらず農業委員会が判断主体として今までのような運用をしてしまうとなると、農業生産の潜在力を維持しつつも、荒廃農地を電力生産に使おうという目標を達することができなくなるという懸念がある。

（2021年6月2日　第11回成長戦略会議での三浦瑠麗氏の発言）

非常にポテンシャルの高い、例えば屋根のせの太陽光と、そして、小規模の荒廃農地に対する太陽光パネルの設置などの案件に関しては、もう少しスピードアップしていかないと、恐らく期待する投資額にまでいかないのではないか。そこら辺の議論についてもしっかりと政府が議論の時間管理をしていくべきではないかと思う。

（2021年9月2日　第13回成長戦略会議での三浦瑠麗氏の発言）

こうした三浦瑠麗氏を巡る様々な報道を見てはいたが、もちろん私は何も内情は知らない。しかし一連の事態を受けて一部の報道機関から私のもとに取材の申し込みがあった。

「三浦瑠麗さんと裁判を闘ってきて、どういう印象でしたか」

「三浦瑠麗さんの人となりについてはどう思っていますか」

「三浦瑠麗さんの夫の逮捕についてコメントはありますか」


そうした質問が多かった。

ただ、まだ闘いは終わっていない。最高裁判所から上告審の結果が来るまでは何も終わっていない。またこの裁判以外の件については、当然私も報道されている以外のことは知らず、コメントできる立場にはなかった。

ご連絡いただいた方々には「三浦瑠麗氏との裁判はまだ終わっていないので、結果は判決が確定したら発表します」とだけ説明して、取材はお断りさせて頂いた。

勝訴確定

三浦瑠麗氏を巡る報道が騒がしくなっていた2023年3月は、私の裁判でも最後の区切りになる可能性が高い時期だった。

最高裁判所から「記録到着通知書」が出された2022年11月17日から4か月になろう

としている。上告された民事事件の審理期間は、最高裁判所に裁判記録が到着してから「3か月以内」が約6割だ。[※15] そろそろ結論が出てもおかしくない。

しかも3月は裁判所の人事異動のシーズンだ。裁判官は3年ほどの間隔で人事異動を繰り返すと言われていて、その異動の時期は毎年4月となっている。このため裁判所では、後任者・新任者にできるだけ負担を残さないよう、結論を出せる事件は3月末までに結論を出してしまうという傾向がある。実際に地方裁判所などでも3月下旬には判決が集中するし、逆に4月第1週は裁判の予定が少なかったりする。

とすると、この三浦瑠麗氏の裁判も3月中には結論が出るかもしれない。

そう思って、今度は最高裁判所からの郵便を待ち望んで郵便受けを見る日々を送った。自宅は職場に近いので、昼休みを取れる日には昼も郵便受けを見に家に戻る。最高裁判所からの決定が送られてくるなら、おそらく書留郵便だ。書留郵便は土日も祝日も配達されるらしいので、平日も休日も関係なく、毎日待つ。でもなかなか来ない。

これは4月を過ぎてしまうのかな、と思い始めた時だった。

2023年3月23日。遅めの昼休みが取れたので自宅に戻ると、郵便受けに赤い紙が入っていた。「郵便物等ご不在等連絡票」と書かれている。これではないか。差出人を確認する。

「差出人様　最高裁判所」

来た。急いで夜の便での再配達を申し込んで、会社に戻る。

会社で考えを巡らせる。裁判の決定が来たのかもしれない。でも「三浦氏側の主張は尤もなので、あなたの反論も提出するように」という連絡かもしれない。気もそぞろの時間を過ごした。

そして夜、家に戻って郵便局からの再配達を待つ。午後7時40分、自宅のチャイムが鳴った。ドアを開けて郵便物を渡してもらい、受け取りの印鑑を押す。ドアを閉じて深呼吸をしてから、封を開けた。

調書（決定）

決定日　令和5年3月22日

裁判所　最高裁判所第三小法廷

当事者等　上告人兼申立人　三浦瑠麗

　　　　　　　被上告人兼相手方　　西脇亨輔

裁判官全員一致の意見で、次のとおり決定。

第１　主文

　１　本件上告を棄却する。

　２　本件を上告審として受理しない。

　３　上告費用及び申立費用は上告人兼申立人の負担とする。

勝訴が確定した瞬間だった。自然と声が出た。言葉ではない。これまで聞いたことがない、何かの獣の唸り声のような音だった。

胸の底から湧いてきた想いが、独りの部屋に響き渡っていた。

２０１９年7月17日の提訴から3年8か月余り。

１３４５日に及ぶ煉獄が、今終わった。

メッセージ

最高裁判所の決定にはその理由として、三浦氏側の主張は最高裁判所に上告することが許される事由には当たらないという内容が書かれていた。これは最高裁判所が上告を棄却する際の決まり文句だった。

三浦氏側の上告が無事に棄却されたことを確認すると、私は広報発表の準備を始めた。三浦瑠麗氏との裁判で勝訴が確定したら、広報発表しようと考えていた。ささやかな闘いかもしれないし、ちっぽけな勝利かもしれない。それでもここまで闘ってきたこと、その結果プライバシーを侵害するツイートへの最終的な司法判断を得られたことを伝えたかった。

ただその日はもう夜になっていたし、発表の前には、会社に報告しないといけない。そこで、発表するのは翌日の午後とした。

翌3月24日。まず午前中、会社の上司に報告に回った。直属の上司をはじめ上司の皆様に報告する。

「三浦瑠麗さんを訴えていた裁判で、上告が棄却され勝訴が確定しましたのでご報告します。この先報道などでお騒がせします。申し訳ございません」

上司の方々に頭を下げて回る。叱責を受けるようなことはなく、温かく受け止めていただけたのではないかと、自分では思った。

そして午後、東京地方裁判所に向かい、広報発表の準備をした。

テレビ局のお昼のニュースが終わった午後0時30分過ぎから、報道機関に順次広報発表をファクシミリで送信する。

「三浦瑠麗氏との裁判の勝訴確定（上告棄却）について」と題したファクシミリに、事案の概要を記載する。

国際政治学者・三浦瑠麗氏のツイッターへの投稿によってプライバシーが侵害されたなどとして三浦氏を訴えていた裁判で、最高裁判所第三小法廷（今崎幸彦裁判長）は三浦瑠麗氏の上告を棄却し、三浦氏の敗訴（当方勝訴）が確定しました。

最高裁判所の決定は令和5年3月22日付です。

三浦氏に30万円の損害賠償支払いを命じた第一審・控訴審の判決が確定しました。


そして勝訴確定を受けた私のメッセージを書き始める。

ただし、この裁判の提訴の時に広報発表を初めて経験して気づいたことがあった。それは「長いコメントを書いても報じられない」ということだった。

新聞記事にしてもインターネット記事にしても、報じることができる文字数には限りがある。特にインターネット記事では見出しの文字数の中で引用しやすい端的なコメントの方が報道されやすい。それなのに提訴の時は思いの丈を短くまとめきれず、長い文章になってしまって結局肝心の思いが十分に報じられなかった。そうした反省があった。

ではどういったメッセージにしたらいいのか。あれも言いたい。これも言いたい。ただ、この裁判を通じて最も言いたかったのは「本当の意味での表現の自由とは何か」ということだった。

「表現の自由」はとても大事だ。これが弾圧されたら民主主義は成立しない。だから「表現の自由」は大切に扱わなければならない。

それなのに好き放題な表現をして、表現された相手の痛みを無視するようなことが広がったら、表現行為を制約しなければいけなくなる。そうしたことを繰り返していると「表現の自由」はどんどん痩せ細っていく。

そんなことがないように、公に発信する人には「表現の自由」が壊れやすいものであることを自覚して、大切に扱って欲しい。そのために必要なのは、表現をする前に一歩立ち止まって、その表現の先にいる生身の人達を傷つけてはいないか、確かにそこにいる誰かの人格を損ねていないか、深く考えてから発信することなのではないか。責任を持って表現をしなければ、自由も失われていくのではないか。

そうした思いを込めて、広報発表のメッセージは1行にした。

「公に発言することの責任を、三浦さんには自覚してほしいと思います。」

最後の質問

その後、東京地方裁判所内の司法記者クラブで記者会見をすることになった。この日は午後3時から注目を集めている事件の最高裁判所判決が予定されており(死体遺棄の罪に問われたベトナム人の元技能実習生についての最高裁判決で、結果、逆転無罪となった)、その前の午後2時から短く記者会見をした。

司法記者クラブの会見は、その様子を取材したことはあるが、自分が実際に会見席に着いたことはもちろんない。

一段高くなった会見席に、スーツケースに詰めた裁判記録を持って上がる。そして三浦瑠麗氏のツイートのこと、これまでの裁判の経緯、今回の判決、確定を受けたコメントを説明していく。

続いて記者からの質問に移った。大事件の判決を次に控えた記者クラブ内はピリピリしていて、質問はぽつりぽつりとしか出ない。

最後の質問の時間になった。一人の記者が手を挙げて、こう質問した。

「あなたは今も、テレビ朝日の社員なんですか？」

その記者の方の目を見た。単なる事実確認の質問だったが、自分の中では様々な想いが浮かんだ。

これまで、会社には多大な迷惑をかけてしまった。温かい忠告に従えず、「好い加減」にできず、けものみちへと自分から突っ走ってしまった。会社の内外でもっと実り多く使えたであろう人生の時間は、全て裁判に消えてしまった。この3年8か月の間に多くのものを失った。

でも、「一会社員に過ぎない」と言われた自分が、「サラリーマンにすぎない」自分が、最後まで闘った。そして今この席にいる。

息を整えてから、私は答えた。

「はい。私は今も、テレビ朝日の社員です」

桜の花

判決確定を広報発表した後、ご連絡を頂いた報道機関の方々の質問に応じたり、関係各所に説明に上がったりしてばたばたと時が過ぎた。

一段落ついた時、裁判中に心の支えに聴いていたバンド、エレファントカシマシが週末に名古屋でライブを行うことを知った。闘いを支えてくれた曲「悲しみの果て」を生で聴きたい。裁判を終えた自分へのご褒美と思ってチケットを買い、名古屋に向かった。

約1万人を収容する会場の日本ガイシホールは、バンド結成35周年記念ライブということもあり様々な年代のファンで埋め尽くされていた。コロナ禍の規制も解け、会場には歓声がこだまする。私は2階の奥の席から独りライブを見つめた。

3曲目が「悲しみの果て」だった。生の声が身体に響いた。この歌に支えられて闘ってきたんだ。自然と涙が溢れていた。

その後も数々の歌に会場が一体となり、ライブがクライマックスに近づいた時、代表曲の一つでもある「桜の花、舞い上がる道を」が演奏された。ボーカルの宮本浩次さんがステージの花道を歩き、歌にあわせて天井からは桜の花弁を模した紙吹雪が振り注ぐ。

宙をきらきらと白い花びらが舞っている。

そういえばもう何年も桜なんて見ていなかったな。ステージ上に降り積もる桜の紙吹雪を見ながら思った。昔は毎年行っていた花見に行かなくなって久しかった。裁判が始まってからは桜そのものにも目が行かなかった。周りを見る余裕はなかった。


そしてふと思った。

あと何回、自分は桜の花を見ることができるのだろうか。

裁判を終えて、この先自分はどうなるのだろうか。

いや、そもそもこの先なんてあるのだろうか。


今52歳。

厚生労働省が2022年に発表した男性の平均寿命はおよそ81歳だから、そこまで辿り着けたとしてもあと30年もない。年齢を重ねるごとに体調に異変が出ることもあるだろうし、思った通りに物事をできなくなる日も来るかもしれない。考えたくはないけれど、思ったほど残り時間はない。

そして結局、いつかは最期の日を迎える。その瞬間は物も、お金も、地位も、名誉も、この世から持ち出すことはできないらしい。その瞬間にあるのは、間もなく役割を終えようとしている、タンパク質や水分やカルシウムが集まってできた自分という生命体だけだ。手、足、血管、心臓。

長い年月頑張ってきてくれて、すっかりくたびれた身体のひとつひとつとお別れする時がくる。

その最期の瞬間に、自分は、自分自身に曇りなく向き合えるのだろうか。

もちろん既に後悔することばかりで、今からでは取り返しのつかない失敗も数えきれない。それでも今回のことを振り返って「あの時はできる限りのことはやったよね。頑張ったよね」と自分で自分に話しかけ、疲れ果てて休もうとしている自分の身体のひとつひとつに、もしその時に愛する人がいればその人にも、曇りない気持ちで「ありがとう」と別れを言えるだろうか。

まだ全く分からないけれど、少なくともこれだけは言えると思う。

この裁判だけは、最後まであきらめなかったと。

結局、この裁判を闘う原動力になっていたのは、そうした想いだったのだと思う。だから無様でも、周りに迷惑をかけても、足掻き続けていたのだと思う。そして足掻きながら思った。

自分自身を失ってまでしがみつくべきものなんて、きっとこの世にはない。

今振り返ってみて、この裁判で失ったものはあっても得たものはない。でも全く後悔はしていない。

「自分」が壊れないために、「自分」が「自分」のままであるために、この裁判をやるしかなかった。そしてまだ、「自分」は生き残っている。

私は自分の人生に、それ以上のものは求めていない。

あとがき

２０２３年4月6日、私の銀行口座に賠償金が振り込まれた。ＡＴＭで預金通帳に記帳して、振り込み記録を確認する。

振込　ミウラルリ　３５９、２１９

弁護士事務所名ではなく、三浦瑠麗氏本人の名前で振り込まれていた。

金額は判決で認められた慰謝料30万円よりも多い。この差額は利息だ。判決では30万円に加えて、２つ目のツイートがされた２０１９年4月25日を起算日として年５％の利息の支払いも命じられていた。利息の金額は5万９２１９円。ツイートをされてから約４年という日々への対価だった。

闘いのさなか、この裁判は私にとって自分が生きている意味の全てだった。闘うことが、私の存在証明だった。

その長い闘いの日々は今、私の目の前で「359、219」という預金通帳の無機質な数字に変わっていた。


この闘いに何か意味があったのか、今となっては分からない。

世の中にあまたある、小さな裁判の一つに過ぎない。

得られた賠償金も、裁判を闘った1345日で割れば日給267円だ。


しかし、確かに自分は闘い抜いた。

ちっぽけなひとりの人間でも、七転八倒しながらでも、闘い抜いた。

その痕跡をほんの小さくても遺したくて、本を書き始めた。


生まれて初めての執筆だったが、本を一冊書くということがこんなに身を削るものだとは思っていなかった。

必死になって冒頭から順に書き始めて原稿が1万字になった時、

「この先、あと何倍も書かなければいけないのか」

と喫茶店で気を失いそうになったことは今も鮮明に覚えている。

でも書き終えるまで常にノートパソコンを持ち歩き、隙あらば膝の上に広げて文章を書き綴った。書かずにはいられなかった。書くことで本当の自分、そして新しい自分と向き合うことができた気がした。

身を削るにあたっては、編集者の杉浦雄大さんに妥協なく発破をかけ続けていただいた。そのため身を削りすぎてしまった気がするが、杉浦さんなくしてこの本はなかった。


また最初にもお伝えした通り、この本の売り上げから私は1円も頂かない。全て「犯罪被害救援基金」という公益財団法人に寄付する。

「ある日突然、無慈悲な凶悪犯罪によって想像だにしなかった不運な境遇に突き落とされた犯罪被害者の遺児等には、厳しい環境下で挫けることなく学業を成し遂げ、立派な社会人となって心豊かな人生を歩んでほしい」

配布されていたパンフレットにはそう書かれていて、犯罪被害者の遺児の皆様への奨学金文給などを行っているということだった。

本文中にも書いたが、私は国選弁護人を続ける中で、突然犯罪の被害に遭って様々なものを失い、その喪失が埋められることのないまま日々を過ごす多くの犯罪被害者の方々にお会いしてきた。そうした深い痛みを抱えていらっしゃる方々にささやかながらも一灯をともすことができたなら、という気持ちで全ての印税の使途を決めさせていただいた。

このため私は何の曇りもなく言える。もしもこの本を読まれて僅かでも心に響くところがあると感じた方がいらしたら、ぜひ他の方にもお薦めしてください。どうぞ、どうぞ、よろしくお願いします。

映画「生きる」の主人公は、最期に仕事をなし遂げる。

それは名誉にもお金にもならなかった。

でも主人公が最期に浮かべたあの表情を、自分も最期に浮かべられるようになりたい。

そう願いながら筆をおかせていただく。

最後まで読んでいただき、本当にありがとうございました。

※1　フラッシュ　2006年2月14日号
※2　三浦瑠麗『シビリアンの戦争―デモクラシーが攻撃的になるとき』（岩波書店　227～229ページ）
※3　東スポWEB　2019年4月24日付
※4　東京地方裁判所昭和39年9月28日判決
※5　最高裁判所平成6年2月8日第三小法廷判決
※6　東京地方裁判所平成25年12月24日判決
※7　週刊ポスト　2019年4月26日号
※8　東スポWEB　2021年11月17日付
※9　「司法統計年表」令和3年
※10　奥平康弘『憲法Ⅲ　憲法が保障する権利』（有斐閣　183～184ページ）
※11　同192ページ
※12　奥平康弘『なぜ「表現の自由」か（新装版）』（東京大学出版会　361ページ）
※13　「司法統計年表」令和3年
※14　中野信子・三浦瑠麗『不倫と正義』（新潮社　174～175ページ）
※15　「司法統計年表」令和3年

154～157ページのページビュー分析サイト
https://pageviews.wmcloud.org/

231～233ページは内閣官房ホームページ
https://www.cas.go.jp/jp/seisaku/seicho/seichosenryakukaigi/dai13/gijiyousi.pdf　など

著者の印税は全額、公益財団法人犯罪被害救援基金に
寄付させていただきます。

〈著者プロフィール〉
西脇亨輔（にしわき・きょうすけ）
株式会社テレビ朝日総務局法務部員
弁護士
1970年千葉県生まれ。東京大学法学部在学中に司法試験に合格し司法修習（第47期）を修了した後、1995年、アナウンサーとしてテレビ朝日へ入社。
「ニュースステーション」レポーター、「やじうまプラス」等の番組を担当して12年半アナウンサーを務めた後、2007年、同社法務部へ異動した。

孤闘
三浦瑠麗裁判1345日

2023年6月20日　第1刷発行

著　者　西脇亨輔
発行人　見城 徹
編集人　福島広司
編集者　杉浦雄大

発行所　株式会社 幻冬舎
〒151-0051　東京都渋谷区千駄ヶ谷4-9-7
電話　03(5411)6211(編集)
03(5411)6222(営業)
公式HP：https://www.gentosha.co.jp/
印刷・製本所　株式会社 光邦

検印廃止

Printed in Japan
ISBN978-4-344-04135-6　C0095